はじめてでも上手にできる
# 通園・通学のバッグ&小もの

よくわかる写真プロセス解説つき!

定番バッグから
毎日使える小ものが **67**点

レッスンバッグ
上ばき入れ
お着がえ袋
お弁当セット
スモック
リュックサック
防災ずきん入れ

ママ用スリッパや
エコバッグも!

# Contents

## 基本の入園・入学バッグ3点セット

- 4……… トラッドバッグセット　レッスンバッグ・上ばき入れ・お着がえ袋
- 6……… パンダのバッグセット　レッスンバッグ・上ばき入れ・お着がえ袋
- 7……… ブルースカイバッグセット　レッスンバッグ・上ばき入れ・お着がえ袋
- 8……… リンゴのバッグセット　レッスンバッグ・上ばき入れ・お着がえ袋
- 9……… クレヨンのバッグセット　レッスンバッグ・上ばき入れ・お着がえ袋

- 10……… 知っておきたい基礎 Lesson

- 12……… きほんがわかる！
　　　　　トラッドバッグ3点セットを作りましょう

- 18……… プリント柄1m×チェック柄1mでこれだけ作れます！

- 20……… プリント柄1m×チェック柄1mでOK！
　　　　　入園・入学の袋もの7点セットを作りましょう

- 24……… COLUMN 1　あると便利な素材
- 25……… COLUMN 2　名前の入れ方

## ランチタイム3点セット

- 27……… フレンチ風ランチタイムセット　ランチバッグ、コップ袋、ランチョンマット
- 28……… 3種の布でかんたん！
　　　　　ランチタイム3点セットを作りましょう

- 34……… ドット柄のお弁当セット　お弁当袋、コップ袋、お弁当包み
- 35……… 小鳥柄の給食セット　コップ袋、ランチョンマット

## 遠足セット
36………リュックサック
37………ペットボトルホルダー

38………COLUMN ③ アップリケとステッチ
39………COLUMN ④ オリジナルのリフレクター（反射アイテム）

## 通園・通学の定番バッグ＆小もの
### for 幼稚園
40………ななめがけバッグ
41………マスク
42………スモック
44………防災ずきん入れ
### for 小学校
46………プリント柄のランドセルカバー
47………マリンのプールバッグ
48………ト音記号のリコーダー袋
49………音符のけんばんハーモニカバッグ
50………2WAYのレッスンバッグ

## ママの手作り小もの
52………キルティング布のスリッパ＆巾着
53………書類用エコバッグ

54………COLUMN ⑤ 余り布でできるかわいい布小もの
シュシュ、ポンポンのヘアゴム、刺しゅうのバッジ

55-95……HOW TO MAKE

作ってあげたい
# 基本の入園・入学バッグ3点セット

毎日使うバッグセットは、手作りで決まり！
子どもたちの好きな布やお気に入りのモチーフで、
入園・入学に欠かせない定番アイテムを作りましょう。

**基本のセットは
コレ！**

レッスンバッグ
上ばき入れ
お着がえ袋

### チェック柄
### トラッドバッグセット

紺色で引き締めたベーシックなバッグセットは
おしゃまな制服姿にぴったり。
チェック柄が左右対称になるように
きちんと布合わせするのがきれいに仕上げるコツ。

design 青木恵理子　how to make 12ページ

# フェルトアップリケ
## パンダのバッグセット

かわいいパンダのアップリケは三匹三様。
フェルトのパーツをたてまつりで縫いつけます。
バッグは型崩れしにくいキルティング布で
しっかり仕上げましょう。

design 庄司裕子（バオバブファクトリー）
how to make 55ページ

## ミシンアップリケ
## ブルースカイバッグセット

風車も気球も白い雲も、みんな風が友だち。
そんな物語のある楽しいバッグセットです。
ベースの布は青空をイメージしたオックスフォード地。
少し厚手の生地なので、丈夫なバッグが作れます。

design タケウチアユコ
how to make 62ページ

# フルーツモチーフ
## リンゴのバッグセット

かわいいものが大好きな女の子には
こんな華やかなフルーツ柄のバッグはいかが？
ビビッドな赤の布にポンポンブレードをプラスした
とってもキュートなデザインです。

design 横川博子　how to make 59ページ

## キルティング布
## クレヨンのバッグセット

男の子の定番色・ブルーでまとめたバッグセット。
大きなクレヨン柄を主役にしたシンプルな形なので、
縫いものが初めてでも安心です。
山道テープをアクセントに使いました。

design 横川博子　how to make 59ページ

# 作り始める前に 知っておきたい基礎 Lesson

バッグ作りに必要な道具、素材、縫い方の基本をまとめました。
作り方でよく使われる用語や布を裁つときの図の見方も覚えておくと便利です。

## 道具　手持ちの道具をチェックして、足りないものを揃えましょう

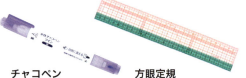

**チャコペン**
布に線や図案を描く

**方眼定規**
寸法を計ったり、線を引いたりする

**メジャー**
布や作品のサイズを計る

**目打ち**
袋の角をきれいに出す

**チャコペーパー**
型紙と布の間にはさみ、型紙の上からなぞって印をつける

**糸**
ミシン用の糸（普通地用は60番、厚手地用は30番）

**針**
左から布をとめる待ち針、手縫い用の針、ミシン用の針

**ゴムひも通し**
巾着袋の丸ひもやスモックの袖口などにゴムを通す

**糸切りばさみ**
糸を切る

**裁ちばさみ**
布を裁つ

**ミシン**
主に使う縫い方は直線縫いとジグザグミシン（作業前には糸調子やボビンなどを必ず確認）。初心者向けの使いやすい機種も豊富。
写真提供：ブラザー販売「S71-SL」(税)p.96)

## 布　作るアイテムに合わせて使い分けます。バッグには丈夫でザブザブ洗えるコットンがおすすめ

**シーチング** 薄手のコットン生地
**ブロード** プリント柄が豊富なコットン生地
**オックスフォード** 厚手のコットン生地
**ダブルガーゼ** ガーゼ地が2枚重ねになった生地
**フェルト** ウールの繊維などを縮絨してシート状にしたもの

**綿麻** 綿糸と麻糸の交織生地
**キルティング** 2枚の布の間にわたの入った生地
**ラミネート加工生地** 布にビニールコーティングなどの加工をした生地
**ナイロン生地** ナイロン糸やポリエステル糸の平織り生地
**プラス素材** ともに布の裏に貼る芯地。形崩れを防ぐほか、キルト芯はクッション効果もある（接着キルト芯／薄手接着芯）

## その他の材料　バッグの持ち手やひもの仕上げ、飾りなどに使う材料です

**バイアステープ**
布端の始末やスモックのゴム通し部分に

**ベルト**
持ち手や肩掛けベルトに（綿やアクリル製がある）

**Dカン**
ベルトに通して使う

**刺しゅう糸**
ステッチやアップリケに

**丸ひも**
巾着袋に通して使う

**コードストッパー**
丸ひもを通して使う（巾着袋を絞ったところで固定できる）
※丸ひもの先につけるループエンド(p.63)もある

## 印つけ

❶布の裏面からスチームアイロンをかけ、布目の縦横を整える。
❷最初に布の裏面にでき上がり線を引き、次に必要な縫い代位置を計って定規で線を引く。

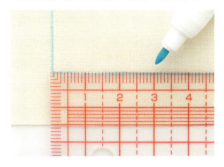

## 図案の写し方

❶ 図案をトレーシングペーパーに写すか、コピーして切り取る。
❷ ❶を布の表面において(薄い紙の場合は待ち針で固定する)端をチャコペンでなぞる。
＊ステッチ図案…図案を写した紙と布の間にチャコペーパーをはさみ、上からなぞって布の表面に印をつける。

## ミシン縫いのポイント

**縫い始める前に必ず試し縫いをして、糸調子を確かめましょう**

### ＊待ち針のとめ方
＜とめ方の基本＞でき上がり線に針先を入れて、0.5cmほど布をすくい、布端側へ出す。
＜ミシンをかける場合＞待ち針はミシン針の縫い位置の手前で必ず抜く。ミシン針と待ち針がぶつかると針が折れて飛ぶ可能性があるので注意する。

### ＊基本の縫い方
＜縫い代の始末＞1枚仕立ての作品の場合、布端をジグザグミシン(あればミシンの裁ちかがり機能やロックミシンを使ってもよい)でほつれないように縫う。
※内布などで布端が隠れる場合は不要。
＜本縫い＞縫い線を直線縫いで縫う。縫い始めと縫い終わりを返し縫い(下記の用語参照)する。

### ＊縫い代の処理

＜割る＞縫い代を左右に開いてアイロンをかける。
＜倒す＞縫い代を左右のどちらか一方に倒してアイロンをかける。
＜カーブの処理＞表に返したとき、縫い位置がつらないように縫い代に切り込みを入れる。

## よく使われる用語

**裁ち合わせ図**…1枚の布から数種類の作品パーツを裁つための配置図
**作り方図**…作り方の工程を図で示したもの
**でき上がり線**…ミシンで縫う線
**裁ち切り**…でき上がり線をそのまま裁つ(縫い代は不要)
**中表**…2枚の布の表面がともに内側になるように合わせる
**外表**…2枚の布の表面がともに外側になるように合わせる
**入れ口**…バッグや巾着袋などの物を出し入れする袋口
**返し口**…袋状に縫った布を、後から表に返すためにあけておく部分
**返し縫い**…縫い始めと縫い終わりを本縫いとは逆方向に1cm(約5針)
　　　　　ほど二重に縫う
**あき止まり**…縫い合わせ位置とあき位置の境目
**押さえミシン**…本縫い位置から少し離れた位置(約0.2cm)を縫い、裏面の縫い代を押さえたり、布合わせ位置のずれを防いだりする

## 作り方ページの図の見方

★単位はcm
★(　)内は縫い代、指定以外は1cm

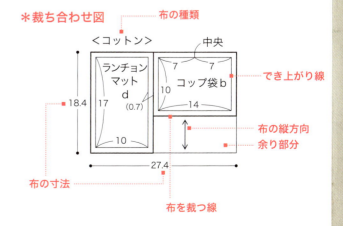

# きほんがわかる！
## トラッドバッグ3点セットを作りましょう

入園・入学前に揃えておきたいレッスンバッグ、上ばき入れ、お着がえ袋の作り方を紹介します。
基本は直線縫いだけだから、スイスイ仕上がります。

レッスンバッグ

上ばき入れ

お着がえ袋

**材料**
**共通**
コットン（深緑系チェック）98×62cm
ツイル（紺）98×22cm
ツイル（赤）98×100cm
**レッスンバッグ**
幅0.5cmの山道テープ（赤）84cm
**上ばき入れ**
幅0.5cmの山道テープ（赤）48cm
**お着がえ袋**
幅0.5cmの山道テープ（赤）64cm
太さ0.7cmの丸ひも（オフホワイト）280cm

### 裁ち合わせ図

セットの3作品は同じ布を使って作ります。裁ち合わせ図を参照して布に印をつけて裁ち、各アイテムごとにまとめて使いましょう。

★単位はcm　★（　）内は縫い代、指定以外は1cm

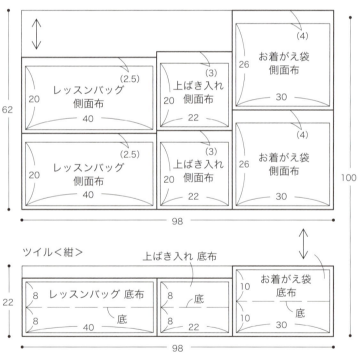

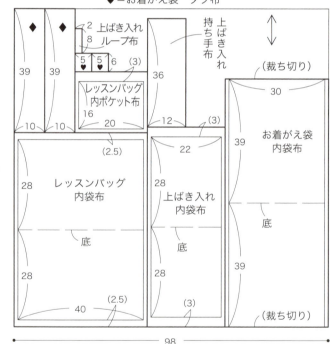

### POINT！

チェック柄は前後側面の布柄がきれいにつながるようにするとすっきり仕上がる。布を裁つときは、購入したチェック柄の幅に合わせて、裁ち合わせ図とはパーツの位置をずらして裁つとよい。

タータンチェックの場合は、どのラインを中央にするかを決めるのがコツ

# レッスンバッグの作り方

マチなしタイプのバッグです。内袋をつけた基本的な作り方です。
※わかりやすいように作品とは異なる布と糸を使用して説明しています。

## 1 持ち手を作る

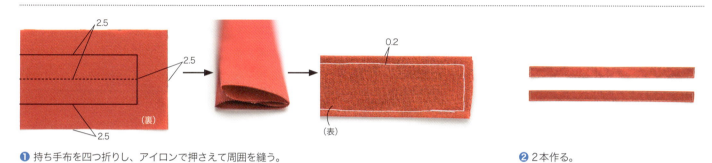

❶ 持ち手布を四つ折りし、アイロンで押さえて周囲を縫う。

❷ 2本作る。

## 2 内ポケットを作る

❸ 内ポケット布の入れ口を三つ折りして縫う。

❹ 3辺の縫い代を折り、アイロンで押さえる。

❺ 内袋布(表)に縫いつける。

## 3 内袋を作る

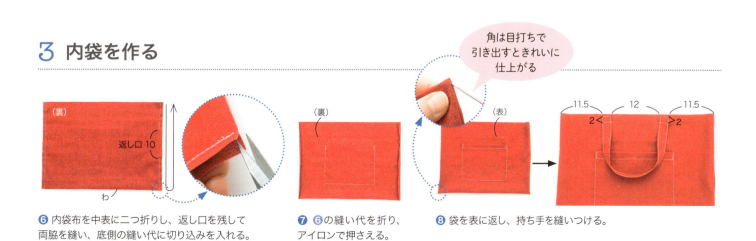

角は目打ちで引き出すときれいに仕上がる

❻ 内袋布を中表に二つ折りし、返し口を残して両脇を縫い、底側の縫い代に切り込みを入れる。

❼ ❻の縫い代を折り、アイロンで押さえる。

❽ 袋を表に返し、持ち手を縫いつける。

## 4 外袋を作る

❾ 側面布と底布を中表に縫い合わせる。

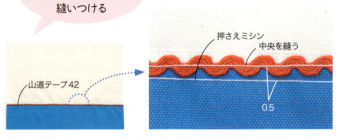

❿ 底布側に押さえミシンをかけ、布の縫い合わせ位置の上に山道テープを縫いつける。

⓫ 中表に二つ折りし、両脇を縫う。

## 5 入れ口を縫い合わせる

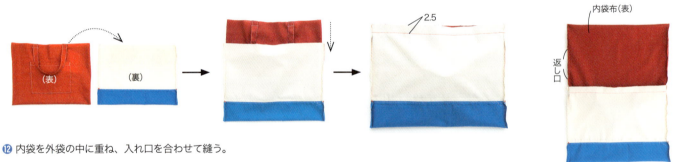

⓬ 内袋を外袋の中に重ね、入れ口を合わせて縫う。

⓭ 内袋を引き出す。

## 6 仕上げる

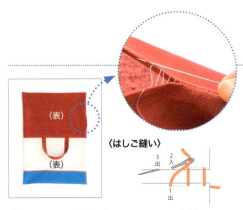

⓮ 返し口から全体を表に返し、返し口を縫う。返し口は、はしご縫いでとじる。

⓯ 内袋を外袋の中に入れてアイロンで押さえ、入れ口まわりを縫う。

⓰ 持ち手の補強部分を四角く縫う。

# 上ばき入れの作り方

ワンハンドルのマチつきの袋です。持ち手通しにDカンを使わないので布だけで作れます。
※わかりやすいように作品とは異なる布と糸を使用して説明しています。

## 1 持ち手を作る

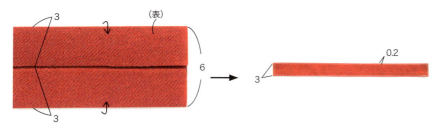

❶ 持ち手布を四つ折りし、アイロンで押さえて周囲を縫う。

## 2 ループを作る

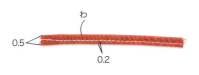

❷ ループ布を四つ折りして、端を縫う。

## 3 内袋を作る

❸ 内袋布を中表に二つ折りし、返し口を残して両脇を縫う。

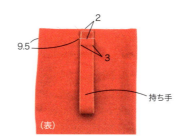

❹ 表に返し、持ち手を二つ折りして内袋の片面に縫いつけ、ループを反対側の面に縫いつける。

## 4 外袋を作る

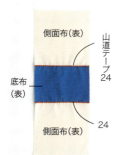

❺ レッスンバッグの外袋(→p.14の4参照)と同様に作る。

## 5 入れ口を縫い合わせる

❻ 外袋の中に内袋を重ね(→p.14の5参照)、入れ口を縫う。

## 6 マチを縫い、表に返す

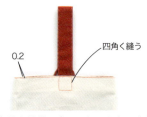

マチは脇と底中央を合わせて三角にたたむ

❼ 内袋を引き出し、内袋と外袋の底のマチをそれぞれ縫う。

## 7 仕上げる

❽ 返し口から全体を表に返し、返し口を縫う(→p.14の5-⓮参照)。

❾ 内袋を外袋の中に入れ、入れ口まわりを縫い、持ち手の補強部分を四角く縫う(→p.14の6参照)。

# お着がえ袋の作り方

リュックとしても使える巾着袋です。両脇のタブにひもを通して結び、長さの調整を。

※わかりやすいように作品とは異なる布と糸を使用して説明しています。

## 1 タブを作る

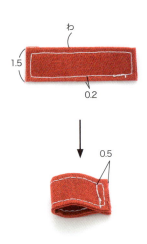

❶ タブ布の長辺を四つ折りして周囲を縫い、二つ折りして端を縫いとめる。2個作る。

## 2 内袋を作る

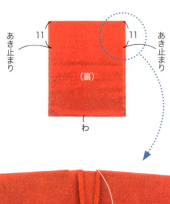

❷ 内袋布を二つ折りして両脇をあき止まりまで縫い、縫い代を割ってアイロンをかける。

## 3 外袋を作る

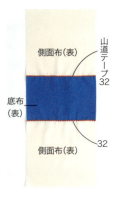

❸ 側面布と底布を中表に縫い合わせ、山道テープを縫いつける(→p.14の4-❾、❿参照)。

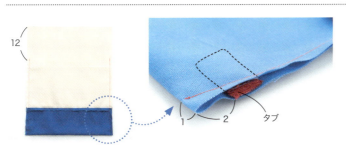

❹ ❸を中表に二つ折りし、タブを両脇の下部にはさんで待ち針で仮止めしてから、両脇を縫う。

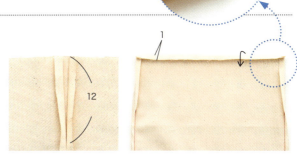

❺ 縫い代を割ってから、入れ口の縫い代を1cm折り、アイロンで押さえて折り目をつける。

## 4 入れ口を縫う

内袋の端は、外袋より1cm短い

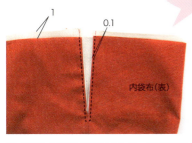

❻ 外袋と内袋を外表に合わせ、両脇のあき口を縫う。

❼ 入れ口を三つ折り（外袋を1cm折ってから、外袋と内袋を3cm折る）してアイロンをかけ、待ち針で仮止めする。

❽ 入れ口を縫う。

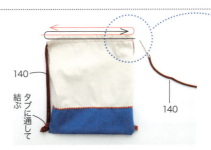

❾ 表に返し、ひも通しで丸ひもを通して結ぶ（もう1本は反対側のあき口から同様に通す）。

丸ひも2本はそれぞれ左右のあき口から一周通す。

# プリント柄1m×チェック柄1mでこれだけ作れます！

用意する布は、ヒツジのプリント柄とスタンダードなチェック柄の2枚。
そこから定番のバッグ3点セット(レッスンバッグ、上ばき入れ、お着がえ袋)、
お弁当セット(お弁当袋、コップ袋、カトラリー入れ)、
ポケットティッシュケースの計7点が作れます。

- A　コップ袋
- B　カトラリー入れ
- C　お弁当袋
- D　ポケットティッシュケース
- E　上ばき入れ
- F　お着がえ袋
- G　レッスンバッグ

design 酒向志保　how to make 20ページ

同じ布柄で揃えることで、小さい子でも自分の持ち物としてわかりやすくなります。名前を書くラベルはアイロン接着でペタリ。通園・通学で毎日使うものばかりなので、いくつもあってもいいですね。

## プリント柄1m×チェック柄1mでOK！
# 入園・入学の袋もの7点セットを作りましょう

2種類の布を組み合わせた作品は、
どちらの布をどれくらい表に使うかがポイント。
シックな色のチェック柄を引き締め役にして、
デザインにメリハリをつけました。

**裁ち合わせ図**

★単位はcm
★（ ）内は縫い代、指定以外は1cm

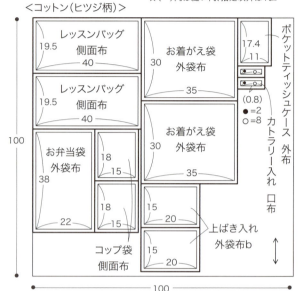

レッスンバッグ

上ばき入れ

お着がえ袋

お弁当袋

コップ袋

カトラリー入れ

ポケットティッシュ
ケース

**材料**
**共通** コットン（黄色地にヒツジ柄）100×100cm
コットン（グレーと生成りのギンガムチェック）100×100cm

**レッスンバッグ**
幅2.5cmのアクリルテープ（生成り）45cmを2本
お名前テープ（アイロン接着タイプ・白）6cm
クマ形ボタン（黄緑）1個

**上ばき入れ**
幅2.5cmのアクリルテープ（生成り）35cm
太さ0.5cmの丸ひも（白）12cm
お名前テープ（アイロン接着タイプ・白）6cm
クマ形ボタン（黄色）1個

**お着がえ袋**
太さ0.5cmの丸ひも（白）80cmを2本
お名前テープ（アイロン接着タイプ・白）6cm
クマ形ボタン（黒）1個

**お弁当袋**
クマ形ボタン（ピンク）1個
直径1.3cmのスナップ1組

**コップ袋**
太さ0.5cmの丸ひも（白）40cmを2本
お名前テープ（アイロン接着タイプ・白）4.5cm
クマ形ボタン（ピンク）1個

**カトラリー入れ**
太さ0.5cmの丸ひも（白）36cm
お名前テープ（アイロン接着タイプ・白）4cm
クマ形ボタン（赤）1個

**ポケットティッシュケース**
クマ形ボタン（水色）1個

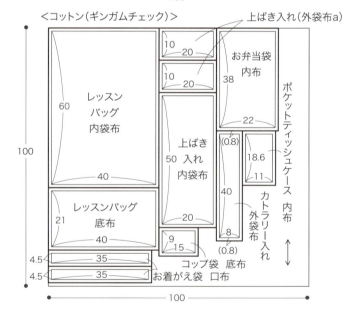

### ポケットティッシュケース
## 1 外布と内布を縫う

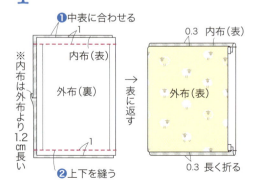

## 2 図のサイズに折りたたみ、両脇を縫う

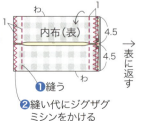

## レッスンバッグ

### 1 側面布と底布を縫い合わせ、持ち手を仮止めする

### 2 内袋布を重ねて、口側を縫う

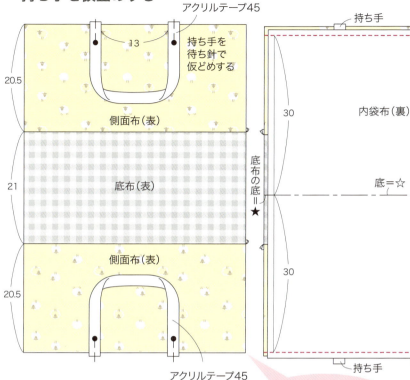

柄に上下がある布は袋の入れ口側が上になるように縫い合わせる（他の作品も同様に）

### 3 ☆・★をわにして折り、両脇を縫う

### 4 表に返して仕上げる

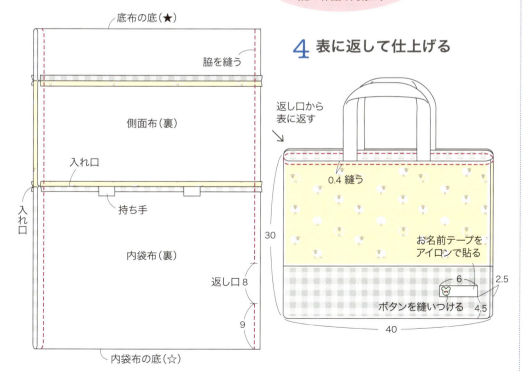

## コップ袋

### 1 本体を縫い合わせて縫い代にジグザグミシンをかける

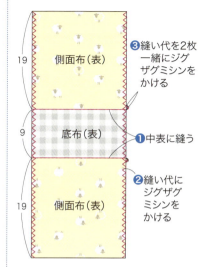

### 2 マチを折って両脇を縫う

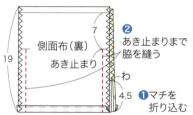

### 3 ひも通し口を作る

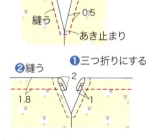

### 4 丸ひもを通して仕上げる

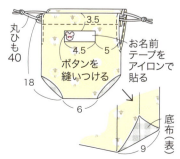

**お弁当袋**

### 1 外袋布と内袋布を縫い合わせる

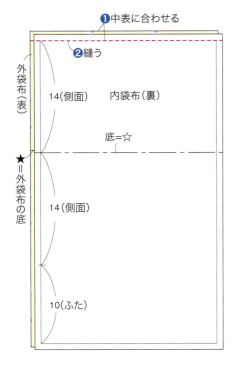

### 2 ☆・★をわに折り、ふたをよけて両脇を縫う

### 3 ふたを仕上げる

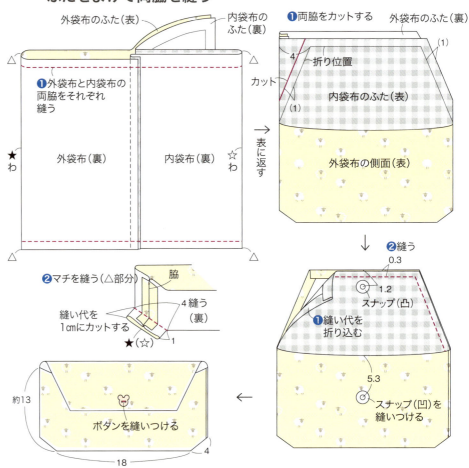

**カトラリー入れ**

### 1 外袋布と口布を縫い合わせ、縫い代にジグザグミシンをかける

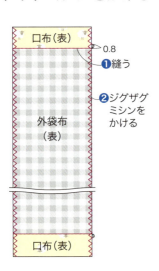

### 2 両脇を縫う

### 3 ひも通し口を作る

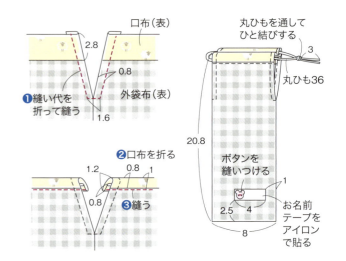

**お着がえ袋**

### 1 外袋布と口布を縫う
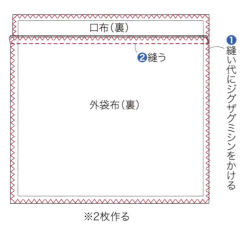

### 2 1を縫い合わせて袋を作る
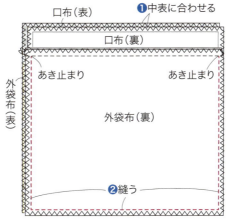

### 3 ひも通し口を作る
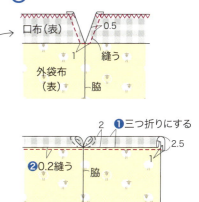

### 4 丸ひもを通して仕上げる
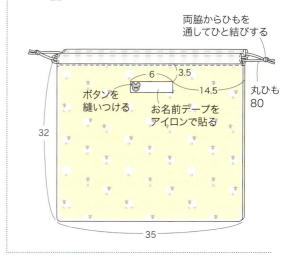

---

**上ばき入れ**

### 1 外袋布a・bを縫い合わせる

### 2 1と内布の上下を縫い合わせる
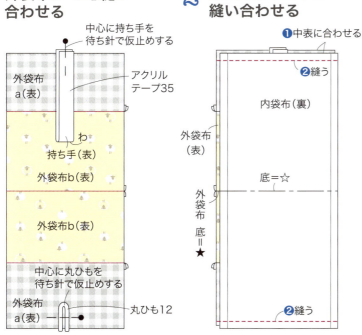

### 3 マチを折りたたんで両脇を縫う

# COLUMN 1 あると便利な素材

基本のバッグにプラスしたいかわいいテープやボタンを紹介します。
存在感のある色や形を選んで、ポイント使いするのがコツ。

## ポンポンブレード

揺れるポンポンがキュートでポップなブレードです。バッグの袋口や布合わせの切り替え位置に、ブレードを沿わせて縫いつけましょう。

ここ！

## 山道テープ

シンプルな布合わせの布小物に、差し色として使いたいテープ。S字のような山＆谷が続くので、テープの中央をまっすぐ縫うと上手につけられます。

ここ！

## 刺しゅうテープ

かわいいモチーフが刺しゅうされたテープは布合わせに境目に使うのもよし、タグ風に使うもよし。縫いつけるときはテープの両端をしっかり縫いとめます。

## ループつきのタオルも手作りで！

**作り方**

好みのハンドタオルと刺しゅうテープ（ハンドタオルの4辺分＋ループ分約8cm）を用意し、1辺の途中からテープを縫いつける。最初の角でループを作ってから、残りの辺にテープを縫いつける。縫い終わりはテープの端を折り込み、縫い始めのテープの端の上に重ねて、縫いつける。

※刺しゅうテープはやや長めに用意しておくと安心。

**ループ**

テープをひとひねりするようにしてループ（長さ約3〜4cm）を作る。

**角**

タオルの端に沿わせてテープの外側を縫い、内側はテープを三角形になるように折ってから縫いつける。

design 横川博子

## くるみボタンキット

専用のキットを使い、余り布を使ってボタンを手作り。共布で作れるので作品ともなじみやすく、上品に仕上がります。

ここ！

**100円ショップも上手に利用！**

店舗によっては、手芸コーナーで取り扱っている場合もあり。要チェック！

## ボタン

留め具としてはもちろん、お気に入りの色のボタンを目印に使ったり、アップリケの代わりにモチーフボタンをワンポイントに縫いつけたり、幅広い使い方ができます。

## COLUMN 2　名前の入れ方

自分の持ち物は、必ず名前を入れて使います。市販のお名前シールを利用したり、一目でわかる目印を手作りしたり、年齢に合わせてわかりやすい方法を選びましょう。

### 接着ラベル

布小物にアイロンで手軽につけられるラベルです。完成品に貼って名前を書くだけだから、とっても簡単。形や大きさも豊富なので、好みのものを選ぶことができます。

### 目印モチーフ

幼稚園の年少組だと名前よりマークの方が「自分のもの」とわかりやすい子も多いので、その場合には1つの模様をお揃いで使うといいでしょう。

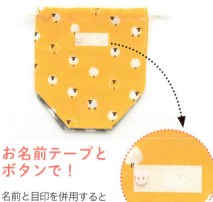

### お名前テープとボタンで！

名前と目印を併用すると一層わかりやすい。テープはアイロン接着タイプを。

※安全ピンをつけるときは、針の先がきちんととまっていることを確認してください。

←ここに名前プレート

### お名前ワッペン　　design　長谷川久美子

名前を刺しゅうしたワッペンと並んで人気なのが、名札をぶら下げるタイプのワッペン。スモックやバッグに安全ピンで穴をあけたくないときにもおすすめ。

**作り方　お名前ワッペン　型紙・図案 95ページ**

❶ リンゴとあおむし共に、フェルトに型紙を写して裁つ。
❷ リンゴは、クリーム色のフェルトに刺しゅうをしてから、赤のフェルトにたてまつりでつける。
❸ あおむしは型紙を参照してお尻から顔に向かってたてまつりでアップリケし、最後に顔を刺しゅうする。
❹ ❷と❸と土台用のアイロン接着フェルト(接着面が外側になるようにする)をそれぞれ重ねて、周囲をミシンで縫う。その際、リンゴは軸(茶色のフェルト)とタグ、あおむしはタグを間にはさんでおく。
※タグは4cmのリボンを二つ折りして使う。

### ママ用ネームホルダーも手作りで！　　design　長谷川久美子

裏側　　Dカンをつける

**作り方　ネームホルダー　型紙 61ページ**

**ホルダーを作る**
❶ プリント柄布A〜E、ビニールクロス、接着芯に型紙を写して裁つ。
❷ ビニールクロスの端を、二つ折りしたレースではさんで縫う。
❸ Eの布に接着芯を貼り、❷と合わせて3辺を縫い合わせる。
❹ バイアステープ3cmを二つ折りし、端を縫ってループを作り、ループつけ位置に待ち針で仮止めする。
❺ A〜Dの布を縫い合わせ、縫い代を片倒ししてミシンで押さえ、裏面に接着芯を貼る。
❻ ❸と❺を外表に重ね、四隅を丸くカットし、縁回りをバイアステープでくるんで縫う。

**ストラップを作る**
❼ 余り布を縫い合わせて、2.5cm幅×94cm(周囲に縫い代1cm)の布を作り、キルト芯を貼って四つ折りする。
❽ ❼にナスカンを通してから、短い辺の両端を開いて輪になるように縫い合わせ、再び、四つ折りして長い辺の端を1周縫う。
❾ ナスカン上部を往復して縫い、固定する。

おそろいがうれしい！
# ランチタイム3点セット

3種の布を組み合わせて作るランチタイムセット。
布の分量を変えることで、それぞれ違った印象のアイテムができます。
お昼が待ち遠しくなること間違いなし！

基本のセットは
コレ！
ランチバッグ
コップ袋
ランチョンマット

## フレンチ風ランチタイムセット

ランチバッグはお弁当箱が安定しやすい
広めのマチが魅力です。
コップ袋は内袋がついているから丈夫で長く使えます。
ランチョンマットのポケットにはカトラリーが入ります。

design 杉野未央子　how to make 28ページ

# 3種の布でかんたん！
# ランチタイム3点セットを作りましょう

ランチタイムが楽しみになる広いマチつきのランチバッグにコップ袋。ランチョンマットの作り方を紹介します。
3種類の布を組み合わせるだけでタグやポケットのついたおしゃれなセットができます。

ランチョンマット　　ランチバッグ　　コップ袋

### 材料
**共通**
コットン（水色）98×42cm
コットン（生成りと赤、水色のストライプ）61×45cm
コットン（英字柄）17×15cm
**ランチバッグ**
ラミネート加工布（生成り）32×52cm
幅2.6cmのアクリルテープ（生成り）32cmを2本
直径2.2cmのくるみボタンキットパーツ1組
**コップ袋**
太さ0.5cmの丸ひも（オフホワイト）45cmを2本

### 裁ち合わせ図
セットの3作品は同じ布を使って作ります。裁ち合わせ図を参照して布に印をつけて裁ち、各アイテムごとにまとめて使いましょう。ランチバッグの内袋布をコットンに替えても作れます。

★単位はcm　★（　）内は縫い代、指定以外は1cm

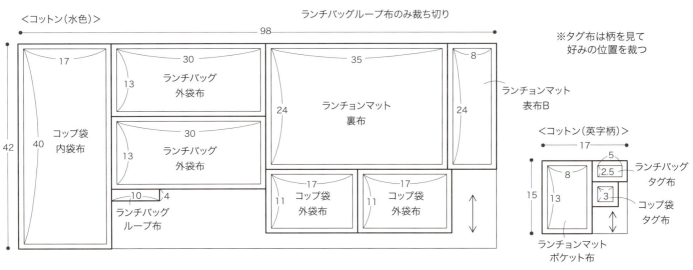

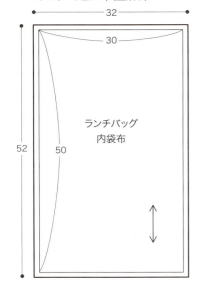

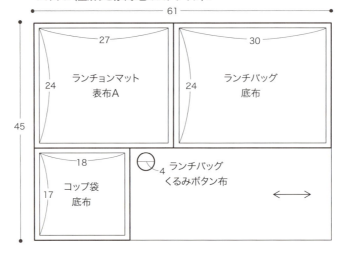

### ランチバッグの内袋布について

内袋布はお弁当の汁が染みだしたり、食べこぼしがついても安心のラミネート加工布がおすすめです。縫うときは待ち針をさすと跡が残ってしまうのでクリップではさむとよいでしょう。また、すべりが悪く縫いにくいため、縫い目を大きめに設定し、さらにすべりをよくしたいときはシリコンスプレーを吹きかける、ハトロン紙をはさむなどの方法もあるので覚えておくと便利です。

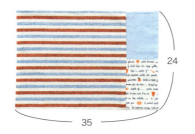

# ランチョンマットの作り方

英字柄の布の部分がポケットになっています。まっすぐ縫うだけなのであっという間に完成します。

※わかりやすいように作品とは異なる糸を使用して説明しています。

## 1 ポケットを作る

> 仮止めのジグザグミシンは、でき上がり線にはみださないように注意

❶ ポケット布の入れ口を三つ折りし、アイロンで押さえる。

❷ 入れ口を縫い、さらに上端をミシンで押さえる。

❸ 表布Bに重ねてジグザグミシンで3辺をかがり、仮止めする。

## 2 本体を縫う

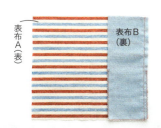

❹ 表布Aと表布Bを中表に合わせて縫う。

❺ 縫い代を表布A側に倒し、アイロンで押さえる。

❻ 裏布と❺を中表に合わせ、下側に返し口を残して縫う。

## 3 表に返して返し口をとじる

❼ 返し口から表に返す。角は菜ばしなど先の丸い棒状のものを使い、形を整える。

❽ 返し口の縫い代を折り込み、アイロンで押さえる。

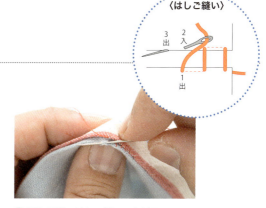

❾ 返し口は、はしご縫いでとじる。

# コップ袋の作り方

内袋がついたしっかりタイプの巾着です。縫いにくいひも通し口は手縫いで仕上げます。

※わかりやすいように作品とは異なる糸を使用して説明しています。

## 1 外袋を作る

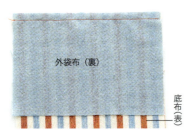

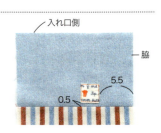

❶ 外袋布1枚と底布を中表に合わせて縫う。反対側も同様にもう1枚の外袋布を縫い合わせる。

❷ 縫い代を割ってアイロンをかける。

❸ タグ布の縫い代を折り、アイロンで押さえる。あれば布用のり、または待ち針で外袋布にとめ、縫いつける。

## 2 内袋布を縫い合わせる

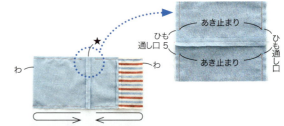

❹ 外袋布と内袋布を中表に合わせて入れ口(★印)を縫う。

❺ 縫い代を割り、アイロンで押さえる。

❻ ❹の★印同士を合わせて外袋布と内袋布をそれぞれ中表に二つ折りし、ひも通し口を残して両脇をあき止まりまで縫う。

## 3 マチを作る

❼ 外袋と内袋の底のマチをそれぞれ縫う。

❽ 縫い代1cmを残して布を裁ち、ジグザグミシンで始末する。

❾ ほかも同様に、マチを作る。

## 4 ひも通し口の縫い代を始末する

ひもを引いたとき縫い代が出てこないように縫いとめる

❿ 両脇の縫い代を割ってアイロンで押さえる。ひも通し口部分の縫い代を並縫いで押さえる。

## 5 表に返してひもを通す

⓫ ひも通し口から全体を引き出して表に返す。

⓬ 表に返し、形を整える。

⓭ 内袋を外袋の中に入れる。

⓮ 形を整え、アイロンをかけて入れ口を押さえ、ひも通しをぐるりと1周縫う。

⓯ 両側から丸ひもを1本ずつ通す。

⓰ それぞれ丸ひもの端を結ぶ。

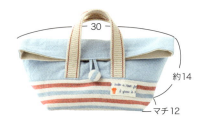

# ランチバッグの作り方

広めのマチがポイントです。どんな形のお弁当箱も出し入れしやすいデザインです。

※わかりやすいように作品とは異なるアクリルテープと糸を使用して説明しています。

## 1 外袋を作る

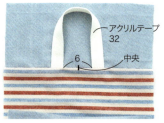

❶ 外袋布1枚と、底布を中表に合わせ、持ち手を待ち針で仮止めしてから縫う。

❷ 反対側も同様にもう1枚の外袋布を縫い合わせる。

❸ タグ布の縫い代を折ってアイロンで押さえる。

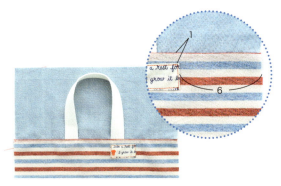
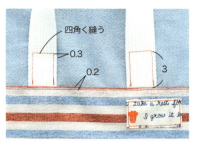

❹ あれば布用のり、または待ち針で外袋布に留め、タグを縫いつける。こちらが前面になる。

❺ 持ち手の補強部分と、底布のはぎ目のきわにミシンステッチを入れる。反対側も同様に縫う。

❻ 中表に二つ折りして両脇を縫う。

❼ 両脇の縫い代を割り、マチを縫う。

❽ 縫い代1cmを残して布を裁ち、ジグザグミシンで始末する。

❾ 反対側も同様にマチを作る。

## 2 内袋を作る

⑩ 内袋布を中表に二つ折りして両脇を縫う。

⑪ 外袋と同様にマチを作る。

## 3 ループを縫う

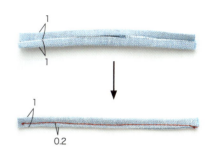

⑫ ループ布を四つ折りし、アイロンで押さえて縫う。

## 4 内袋と外袋を重ねて入れ口を縫う

> ずれないように待ち針でしっかりとめる

⑬ 外袋の入れ口の縫い代を折り、アイロンで押さえる。

⑭ 外袋を表に返す。

⑮ 内袋の入れ口の縫い代を折り、アイロンで押さえ、外袋に入れる。

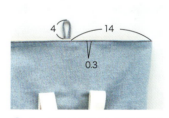

⑯ ループを二つ折りして後ろ面の外袋と内袋の間にはさんで待ち針で仮止めし、入れ口まわりを縫う。

## 5 くるみボタンを作り、縫いつける

⑰ 直径4cmの円形に布を裁つ。

⑱ 台座に布を裏側が上になるように入れ、ボタンパーツを重ねて布をたたみ入れる。上から金具をのせて打ち具で押し、くるみボタンを作る。

⑲ 前面にくるみボタンを縫いつける。

## for girls

アプリコットカラーの布に合わせて
ドットはピンク、黄緑、黄色でステッチ。
女の子の頭には赤いリボンを。

## ドット柄のお弁当セット

やわらかな手触りの綿麻を使ったランチセット。
ドット柄を生かしたステッチや
内袋布をつけないデザインなど簡単ポイントが
いっぱいだから洗い替え用もささっと作れそう。

design 鎌倉 恵　how to make 68ページ

## for boys

男の子の頭には冠をステッチ。
落ち着いたグリーンの布だから
かわいくなり過ぎないのがポイント。

## 小鳥柄の給食セット

小鳥のプリント柄に小鳥のステッチを
合わせたランチョンマットとコップ袋。
コップ袋は丸底の巾着で、高学年になっても
使えるちょっぴり大人なデザインです。

design Double B　how to make 66ページ

使いやすい工夫がいっぱい！
# 遠足セット

リュックサックとペットボトルホルダーは遠足に欠かせない定番アイテム。
使いやすい工夫がいっぱいだから、楽しい思い出をサポートしてくれます。

## リュックサック

結ぶだけの肩ひもは長さの調整も簡単。
軽くて使いやすい巾着タイプだから
園児にもおすすめです。

design ヤマダヨシコ　how to make 74ページ

園児にも使いやすいマジックテープの
入れ口が背中側にもあるから、
物の出し入れに困りません。

## ペットボトルホルダー

500mlのペットボトルがすっきり収まります。
肩から掛けないときは入れ口の
アクリルテープを引いて
バッグ風に持てるのがポイント。

design ヤマダヨシコ
how to make 70ページ

# アップリケとステッチ

**COLUMN 3**

シンプルな布小物を簡単にかわいく変身させてくれるアップリケやステッチ。
お揃いのマークやお気に入りの絵は一目で自分の持ち物だとわかる便利なアイコンになってくれます。

## アップリケ

布やフェルトをカットして縫いつけるだけ。カラフルで楽しい雰囲気に仕上がります。

### ジグザグミシン

大きなアップリケ布を縫いつけたり、ステッチを強調したいときに便利。好みに合わせて縫い目の細かさや糸の色を工夫しましょう。アップリケ布は待ち針でとめるほか、布用のりを使うと作業がスムーズです。

### たてまつり

小さなアップリケ布を縫いつけたり、曲線や切り抜きなど細かい部分をきれいに仕上げられるのが手縫いのよさ。糸は目立たない色を選ぶとアイロン接着と変わらない印象に、強い色ならステッチラインがアクセントになります。

## ステッチ

刺し方のバリエーションも豊富で糸だけでどんな図柄でも表現できるのがステッチの魅力。

1色だけで仕上げるとちょっと大人の印象になるため、高学年になっても使えます。小学校のモチーフはステッチ仕上げがおすすめ。使う糸の本数が少ないと繊細に、多いとはっきりとした仕上がりになります。

### ステッチいろいろ

本誌に登場した基本のステッチをご紹介します。特別なテクニックがなくても、はじめてでもちょっと練習すればきれいに刺せるようになるのでチャレンジしてみて。

### フレンチノット・ステッチ

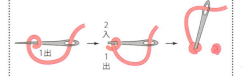

### ランニング・ステッチ

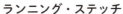

### バック・ステッチ

### アウトライン・ステッチ

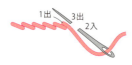

### チェーン・ステッチ

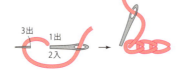

### サテン・ステッチ

### ストレート・ステッチ

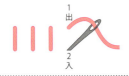

### コーチング・ステッチ

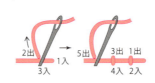

### たてまつり

## COLUMN 4　オリジナルのリフレクター（反射アイテム）

暗い道を歩くときに光を反射して存在を知らせてくれるリフレクター。
ランドセルやバッグに手軽につけられるアイテムを手作りして、子どもの交通事故を防ぎましょう。

### 市販のリフレクターを使えばかんたん！

好きな場所につけやすいネームホルダーにリフレクターをプラス。スタンプでイニシャルを押すだけでかわいいタグができます。リフレクターはシートタイプもありますが、縫わずに使えるテープタイプがおすすめです。

テープタイプのリフレクター。
アメリカンスナップがついているから取り外しもラクラク。

#### 作り方

**材料**
コットンA（ドット柄）、B（ボーダー柄）各8×8cm
フェルト、ビニールクロス各8×8cmを2枚
幅1.3cmのリフレクター各1個
スタンプ
布用インクパッド

1. 布に型紙を写して裁ち、スタンプを押す。薄い生地の場合は接着芯を貼るとよい。
2. フェルト、❶、ビニールクロスの順に3枚を重ねる。
3. ❷の布端の0.2cm内側をミシンで縫う。
4. フェルトとビニールクロスを布に合わせて裁ち、リフレクターを通す。

★裁ち切り

くりぬく
ミシンステッチ
コットン
フェルト
ビニールクロス
各1枚

### 反射シールを上手に利用！

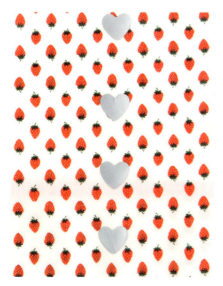

布に使えるアイロン接着の反射シール。
ハート形や星形などマークとしても使える型抜きタイプやラインが光るテープタイプなどデザインに合わせて選べます。

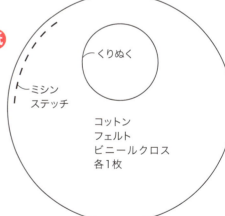

### 100円グッズも便利です。

手芸材料店やホームセンターなどの専門店だけでなく、100円グッズショップでもリフレクターを扱っているので、チェックする価値あり。

毎日使える
# 通園・通学の定番バッグ&小もの

幼稚園や小学校での生活がスタートすると、
新しい暮らしの中で必要になるアイテムが少しずつ増えてきます。
そんなときに重宝するかわいい手作りを紹介します。

### for 幼稚園
### ななめがけバッグ

通園時に使いたいファスナーつきのバッグです。
大きなポケットにはハンカチやティッシュを入れて。
両手が自由になるのもうれしい。

**design** タケウチアユコ　**how to make** 78ページ

# マスク

風邪の予防に役立つ子どもサイズのマスクです。
ダブルガーゼ地で作るからとってもやわらか。
洗い替えをいくつか作って清潔に保ちましょう。

design 細川夏子　how to make 76ページ

### タックマスク
下半分にタックを入れた定番のデザイン。
耳にかけるゴムは、マスク用の抗菌タイプや
色つきタイプもあるのでお好みで。

### 立体マスク
顔の形にフィットする立体形。
マスクは小さいアイテムなので、
布柄が小さいものを選ぶのがポイント。

# スモック

スタンダードなチェック柄やストライプ柄と
シンプルな無地を組み合わせた、
やさしい色合いのスモックです。
ボタンがないので脱ぎ着もラクラク。

design nina select handmade shop 三嶋 舞
how to make 71ページ

衿と袖口のゴム通し部分は、バイアステープで作るから簡単。動きやすいラグラン袖です。

## 防災ずきん入れ

椅子の背に掛けて使うバッグタイプの防災ずきん入れ。
長く使うアイテムだから、
しっかりしたキルティング布で
形がよれないよう丈夫に作ります。
ワンポイントにゾウさんをアップリケしました。

design 細川夏子　how to make 80ページ

バッグの後ろ面は袋状になっています。深めに作ってあるので、椅子の背にすっぽりかぶせることができます。

ふたはマジックテープで素早く開閉できます。いざ震災が起きたときでも、サッと取り出せるからとても安心。

## for boys

男の子の好きな乗り物柄を使った
ランドセルカバー。夕方の帰宅時に
安心の反射シールもポイント。

## for 小学校

### プリント柄のランドセルカバー

水をはじくラミネート加工布だから、雨の日もさっと
拭くだけ。子どもも自分で片づけられます。
反射シールを多めにつけて、
登下校の安全にも配慮したデザインに。

design emico　how to make 82ページ

## for girls

かわいいイチゴ柄のカバー。
定番の赤系にも人気の水色の
ランドセルにも似合うデザイン。

女の子が大好きな水色と
ピンクの組み合わせ。
プールの時間が楽しくなりそう。

## マリンのプールバッグ

アクリルテープを入れ口と持ち手に
使った簡単プールバッグ。
ナイロンが軽いから水を吸って重くなった
水着の持ち運びもラクラクです。

design emico　how to make 88ページ

アクリルテープと布のイカリのマークが
おしゃれなバッグ。入れ口が広いから
着替えの苦手な男の子にもおすすめ。

## ト音記号のリコーダー袋

ブラックウォッチのキルティングを使っているから
高学年でも、男女どちらでも使えるデザインに。
ファスナーを使わず、ボタンでとめるタイプだから
手間もかからず簡単に作れます。

design 鎌倉 恵　how to make 83ページ

# 音符のけんばんハーモニカバッグ

けんばんハーモニカは小さな子どもには持ち運びにくいもの。
そこで、ケースごと入れられる専用のバッグがあると
音楽の時間の移動もスムーズ。
ネームプレートに音符をあしらってかわいく仕上げました。

design 鎌倉 恵　how to make 89ページ

# 2WAYのレッスンバッグ

接着キルト芯を使いしっかりと仕上げたレッスンバッグ。
取り外しのできる肩ひもつきで、手提げにも
ななめがけバッグにもなるすぐれものです。
学校のサブバッグや習い事に便利なサイズです。

**design 長谷川久美子　how to make 84ページ**

### for boys

Ａ４サイズの楽譜やテキストが
すっきりと入る縦型のバッグ。
アップリケは好きな数字に変えても。

for girls

チェックのフリルが入れ口についた
横型バッグ。角が丸いので大きめ
サイズでもかわいい印象になります。

## 好みのものを使いたい！
# ママの手作り小もの

保護者会や行事などでよく使うスリッパや
書類用バッグなどは、好みのものを持ちたいもの。
市販品には意外とないシンプルでおしゃれな
小物を手作りで用意しましょう。

### キルティング布のスリッパ＆巾着

表裏両面使えるキルティングを使った携帯用スリッパ。
底はキルティング2枚を重ねて使いますが、
家庭用のミシンでも十分縫える厚さです。
巾着型の袋をつけてコンパクトに持ち運べます。

design 小森里佳　how to make 90ページ

キルティングの柄を変えるとまた違った雰囲気に。
甲の幅を自分の足に合わせるとぐんと履きやすくなります。

爽やかなブルーでまとめたスリッパセット。柄と柄を組み合わせて足元をおしゃれに。

## 書類用エコバッグ

使わないときはくるくるたたんで、
いつものバッグに入れておくだけ。
書類をもらったときにさっと取り出せる
エコバッグがあると園や学校の集まりでも大活躍です。

design 小森里佳　how to make 93ページ

コットンでできたバッグをくるりとたたんで革ひもで巻いてとめます。
タグや革ひもなどちょっとしたアクセントが効いています。

## COLUMN 5 余り布でできる かわいい布小もの

バッグや袋を作った余り布でできる布小物を紹介します。
女の子が大好きなシュシュやヘアゴム、
つけるだけでワンポイントになるバッジなど
アイディア次第で布を無駄なく活用できます。

design Double B　how to make 94 ページ

### ポンポンのヘアゴム

丸くカットした布端をぐし縫いしてわたを詰めたポンポンがアクセント。布のサイズを変えて好みの大きさに作ってください。ゴムは100円ショップなどで購入できます。

**POINT**
2本にカットしたゴムを合わせて両端に結び目を作ります。結び目が小さいとポンポンが抜けてしまうので注意。

### シュシュ

まっすぐ縫うだけでできるから簡単です。好みで花形ボタンやレースをつけてもおしゃれ。中に通す平ゴムはしっかりした幅のものを選ぶときれいに仕上がります。

**POINT**
両端を縫い合わせて輪にしてからゴムを通すため、自在に曲がる柔軟性のあるゴム通しがおすすめ。

**POINT**
作品は包みボタンと厚紙を芯にしていますが、くるみボタンキットを使ってボタンにアレンジしてもOKです。

### 刺しゅうのバッジ

モチーフや番号など目印になるステッチを入れれば、自分の持ち物がすぐわかるマイバッジのでき上がり。女の子はもちろん、男の子にも作ってあげたいアイテムです。

# HOW TO MAKE

縫い合わせる手順や縫い位置の指示、寸法などを確認しながら、あせらずていねいに作りましょう。
p.11の「作り方ページの図の見方」もあわせて参照してください。

★図内の単位はcm ★（ ）内は縫い代、指定以外は1cm
★裁ち切り以外は指定の縫い代をつけて布を裁つ
★作り方図は布の表面にのみ柄を描いている
★縮小されている型紙と図案は、指定の拡大率でコピーをとって使用する
★アップリケ図案は、指定以外は実物大
★アップリケのつけ位置は、指定のないものは好みの位置につける
★縫い始め、縫い終わり、あき止まり位置などは、補強とほつれ止めのため、返し縫いをする

## パンダのバッグセット photo p.6

レッスンバッグ

お着がえ袋

上ばき入れ

**材料**
**共通**
キルティングA（ベージュ）70×62cm
**レッスンバッグ**
キルティングB
（黄緑のギンガムチェック）44×27cm
コットンA（白地に紺とグレイの花柄）44×62cm
アップリケ用フェルト（白、黒、赤、緑、ベージュ）
25番刺しゅう糸（白、黒、赤、緑、ベージュ）
幅2.5cmのアクリルテープ（ベージュ）
32cmを2本
**お着がえ袋**
リネンA（深緑のギンガムチェック）35×74cm
コットンB（紺地に白の大きな花柄）35×74cm

リネンB（ベージュ）31×14cm
アップリケ用フェルト（白、黒、赤、青、黄色）
25番刺しゅう糸（白、黒、赤、青、黄色）
幅2cmのリネンテープ（ベージュ）6cmを2本
太さ0.5cmの丸ひも（ベージュ）150cmを2本
**上ばき入れ**
キルティングC
（紫のギンガムチェック）26×20cm
コットンC
（白地にピンク×緑系のプリント柄）26×58cm
アップリケ用フェルト（白、黒、青、黄色）
25番刺しゅう糸（白、黒、青、黄色）
幅2.5cmのアクリルテープ（ベージュ）36cm、6cm各1本
内径2.5cmのDカン1個

## 裁ち合わせ図  ★単位はcm ★（ ）内は縫い代、指定以外は1cm

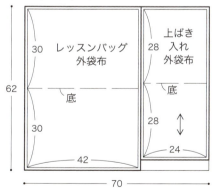

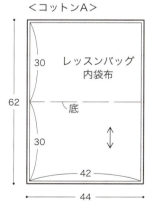

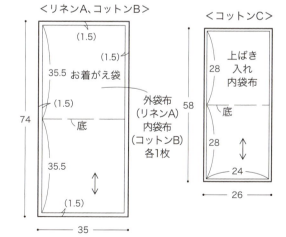

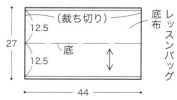

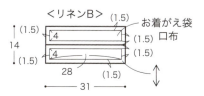

## レッスンバッグ

**1** 外袋布の表側に、底布とアクリルテープを縫いつけ、アップリケをつける

**2** p.13、14「トラッドのレッスンバッグ」の作り方3〜5を参照して、外袋と内袋を作り、縫い合わせる

**3** 表に返して返し口をとじ、入れ口を1周縫う

※アップリケ図案はp.58

## 上ばき入れ

**1** 外袋布の表側に、底布とアクリルテープをつけ、アップリケをつける

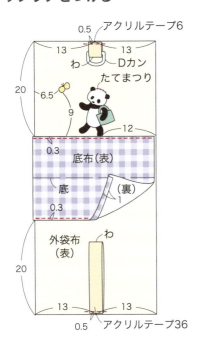

**2** 外袋布を中表に底からたたんで両脇を縫い、マチを縫う

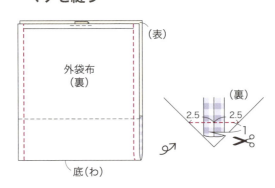

**3** p.13、14「トラッドのレッスンバッグ」の作り方3、5を参照して内袋を作り、外袋と縫い合わせる
（ただし、内袋布のマチは上の2と同様に縫う）

**4** 表に返して返し口をとじ、入れ口を1周縫う

※アップリケ図案はp.57

### お着がえ袋

**1** 口布の左右の端を縫い、外表に半分に折る

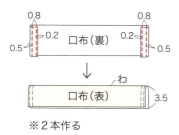

※2本作る

**2** 外袋布の表側に、口布とリネンテープを縫いつけ、アップリケをつける

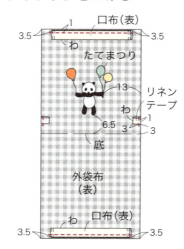

**3** 外袋布と内袋布を中表に合わせて入れ口を縫う

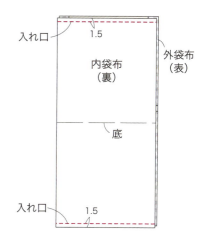

**4** 入れ口を合わせてたたみ直し、返し口を残して両脇を縫う

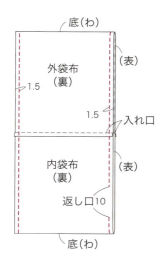

### アップリケ図案

★図案はすべて裁ち切り
★刺しゅう糸は2本どり

上ばき入れ　パンダ

※たてまつりの糸はフェルトと同色

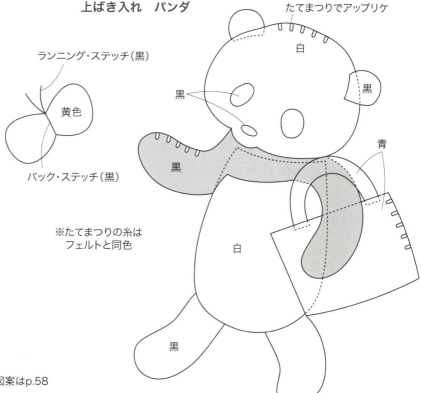

**5** 表に返して返し口をとじ、口布に丸ひもを通して結ぶ

※アップリケ図案はp.58

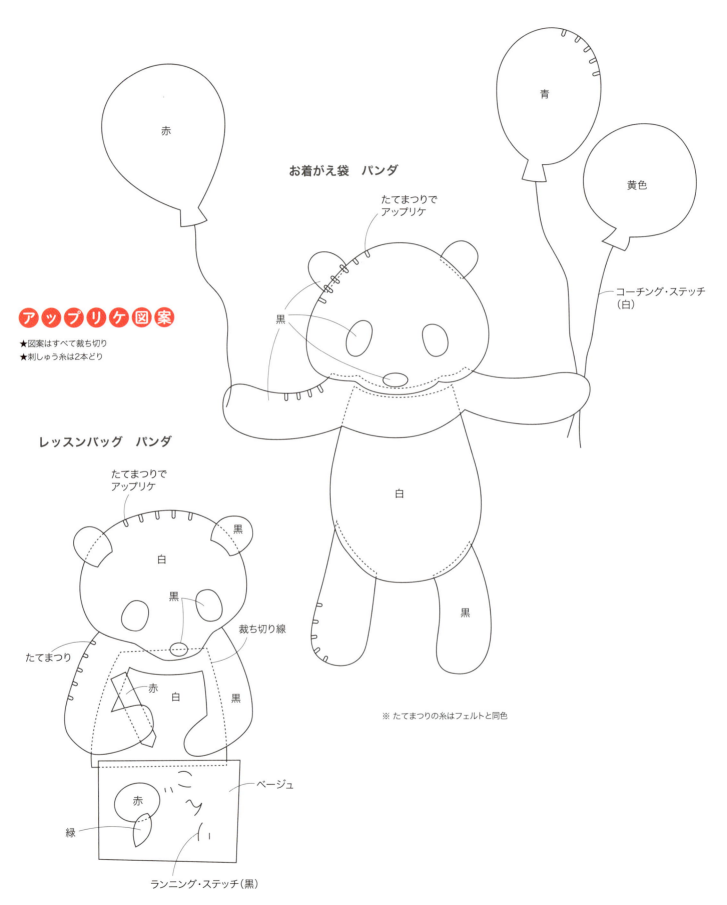

## クレヨンのバッグセット＆リンゴのバッグセット
photo p.8（リンゴ）、p.9（クレヨン）

レッスンバッグ　お着がえ袋　上ばき入れ

### クレヨンのバッグセット

**材料**

**共通**
キルティング（クレヨン柄）97×52cm　キルティング（青）97×28cm
コットン（白地に水色とオレンジ色系のストライプ）97×70cm

**レッスンバッグ**
幅0.5cmの山道テープ（青）44cmを2本
幅2.5cmのアクリルテープ（青）40cmを2本

**お着がえ袋**
幅0.5cmの山道テープ（青）29cmを2本
太さ0.5cmの丸ひも（青）70cmを2本
ループエンド（青）2個

**上ばき入れ**
幅0.5cmの山道テープ（青）24cmを2本
内径2.5cmのDカン（青）1個
幅2.5cmのアクリルテープ（青）30cm、5cmを各1本

レッスンバッグ　お着がえ袋　上ばき入れ

### リンゴのバッグセット

**材料**

**共通**
コットン（リンゴ柄）97×52cm　コットン（赤）97×22cm
コットン（赤のギンガムチェック）97×70cm

**レッスンバッグ**
ポンポンブレード（赤）44cmを2本
幅2.5cmのアクリルテープ（赤）40cmを2本

**お着がえ袋**
ポンポンブレード（赤）29cmを2本
太さ0.5cmの丸ひも（赤）70cmを2本　ループエンド（赤）2個

**上ばき入れ**
ポンポンブレード（赤）24cmを2本　内径2.5cmのDカン（赤）1個
幅2.5cmのアクリルテープ（赤）30cm、5cmを各1本

### リンゴのバッグセット
#### レッスンバッグ・上ばき入れ
クレヨンのレッスンバッグ・上ばき入れと同様に仕上げる
（山道テープをポンポンブレードに代えて縫いつける）

**裁ち合わせ図**

★単位はcm
★（　）内は縫い代、指定以外は1cm

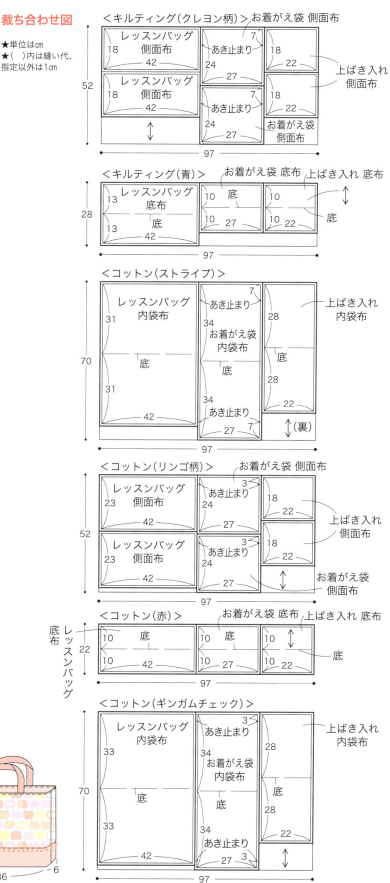

## レッスンバッグ

**1** 側面布2枚と底布を中表に合わせて縫う

※もう一枚も同様に縫いつける

**2** 山道テープとアクリルテープを縫いつける

**3** 2を中表に底中央からたたんで縫い、マチを縫う

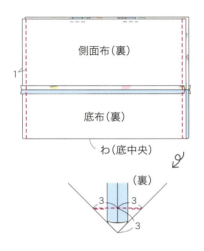

**4** 内袋を作り、3と縫い合わせる
※p.13、14「トラッドのレッスンバッグ」の作り方3、5参照

**5** 表に返して返し口をとじる。入れ口を1周縫う

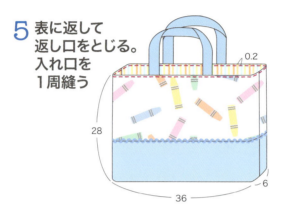

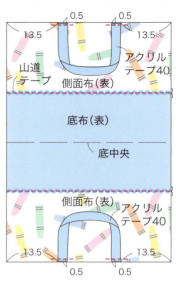

## お着がえ袋

**1** 側面布と底布を縫い合わせ、山道テープを縫いつける
※上の「レッスンバッグ」の作り方1、2参照

**2** 1を二つ折りして両脇をあき止まりまで縫い、マチを縫う

**3** 2と同様に内袋布で内袋を縫う
※片脇に返し口を約10cm、縫い残しておく

**4** 内袋と2を中表に重ね、あき止まりより上を縫い合わせる

**5** 表に返し、返し口をとじる。上端を内側に折って縫い、丸ひもを通す

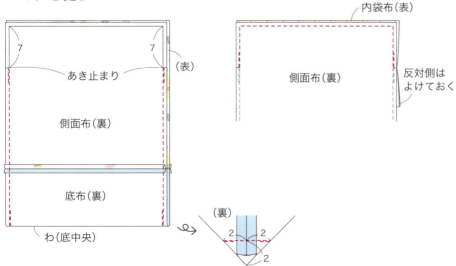

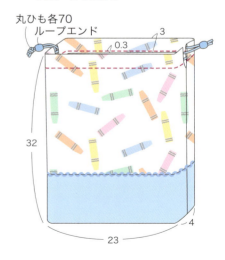

## 上ばき入れ

**1 側面布2枚と底布を縫い合わせる**
※p.60の「レッスンバッグ」の作り方1参照

**2 山道テープとアクリルテープを縫いつける**

**3 「レッスンバッグ」の作り方3〜5(p.60)と同様に仕上げる**
※マチはp.60の「お着がえ袋」の作り方参照

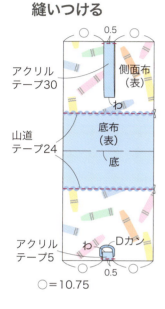

## リンゴのバッグセット
※レッスンバッグ・上ばき入れの作り方はp.59

### お着がえ袋

**1 側面布と底布を縫い合わせ、ポンポンブレードを縫いつける**
※クレヨンの「レッスンバッグ」の作り方1、2参照

**2 1と内袋布を中表に合わせ、上下の端を縫う**

**3 底布と内袋布を底中央で折り、あき止まりまで縫う**

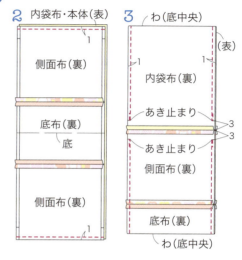

**4 表に返し、あき止まりの縫い代を裏側に折り込んで縫う。それぞれ丸ひもを通す**

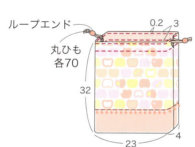

## ネームホルダー photo p.25

**材料**
コットンA・E(花柄)14×28cm、12×10cm
コットンB(ストライプ)14×23cm
コットンC(アルファベット柄)10×15cm
コットンD(パープル地に水玉)15×15cm
幅2cmの両折バイアステープ
(黄色地に水玉)50cm
ビニールクロス(透明)13×9cm
接着芯24×10cm
薄手接着キルト芯1×47cmを2本
幅1.4cmのレースを13cm
1cm幅のDカン1個
1.2cm幅のナスカン1個

**型紙** ※作り方はp.25
★200%に拡大して使用 ★単位はcm
★( )内は縫い代、指定以外は裁ち切り

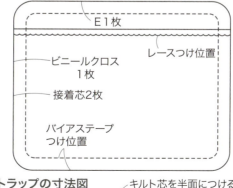

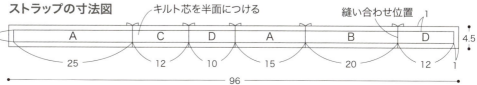

# ブルースカイバッグセット  photo p.7

上ばき入れ　お着がえ袋　レッスンバッグ

## 材料
### 共通
オックス(水色)68×104cm
コットン(水玉柄)68×67cm

### レッスンバッグ
アップリケ用フェルト(黄色、黄緑、青、茶色)
アップリケ用プリント地(好みのもの)
直径0.4cmのボタン(黒)2個
25番刺しゅう糸(赤、ピンク、黒)
幅2.5cmのアクリルテープ(水色)35cmを2本

### お着がえ袋
アップリケ用フェルト(黄色、オレンジ色、白、緑、黄緑)
直径0.4cmのボタン(黒)2個
25番刺しゅう糸(ブルー、赤、黒)
太さ0.5cmの丸ひも(水色)80cmを2本
ループエンド2個

### 上ばき入れ
アップリケ用フェルト(ラベンダー色、ピンク、オレンジ色、青、クリーム色、茶色、ボルドー、黄緑)
直径0.4cmのボタン(黒)2個
直径1.2cmの木製ボタン1個
25番刺しゅう糸(茶色、黒)
幅2.5cmのアクリルテープ(水色)30cm、6cmを各1本
内径2.5cmのDカン1個

### 裁ち合わせ図
★単位はcm　★( )内は縫い代、指定以外は1cm

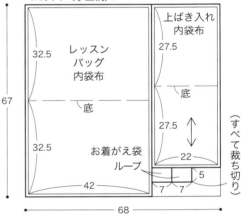

## レッスンバッグ

**1** 外袋布の表側にアクリルテープを縫いつけ、アップリケをつける

**2** p.13、14「トラッドのレッスンバッグ」の作り方3〜5を参照して外袋と内袋を作り、縫い合わせる

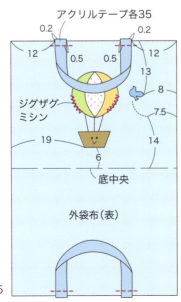

※アップリケ図案はp.65

**3** 表に返して返し口をとじ、入れ口を1周縫う

## お着がえ袋

1 ループを中表に折って縫い、表に返す

2 外袋布2枚の端にジグザグミシンをかけ、1枚にループとアップリケをつける

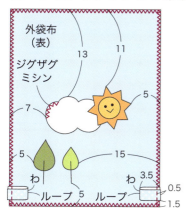

3 外袋布を中表に合わせ、ひも通し口を残して縫う

4 表に返し、入れ口を三つ折りして縫う。丸ひもを通して結ぶ

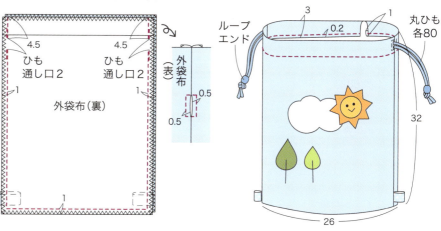

※アップリケ図案はp.63、64

## 上ばき入れ

1 外袋布にアクリルテープをつけ、アップリケをし、中表に折って両脇を縫う

2 内袋はp.15「トラッドの上ばき入れ」の作り方3を参照して作り、作り方5を参照して外袋と縫い合わせる

3 表に返して返し口をとじ、入れ口を1周縫う

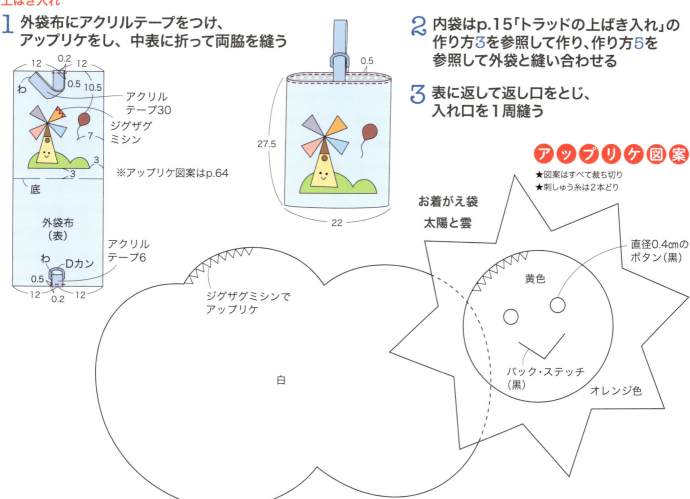

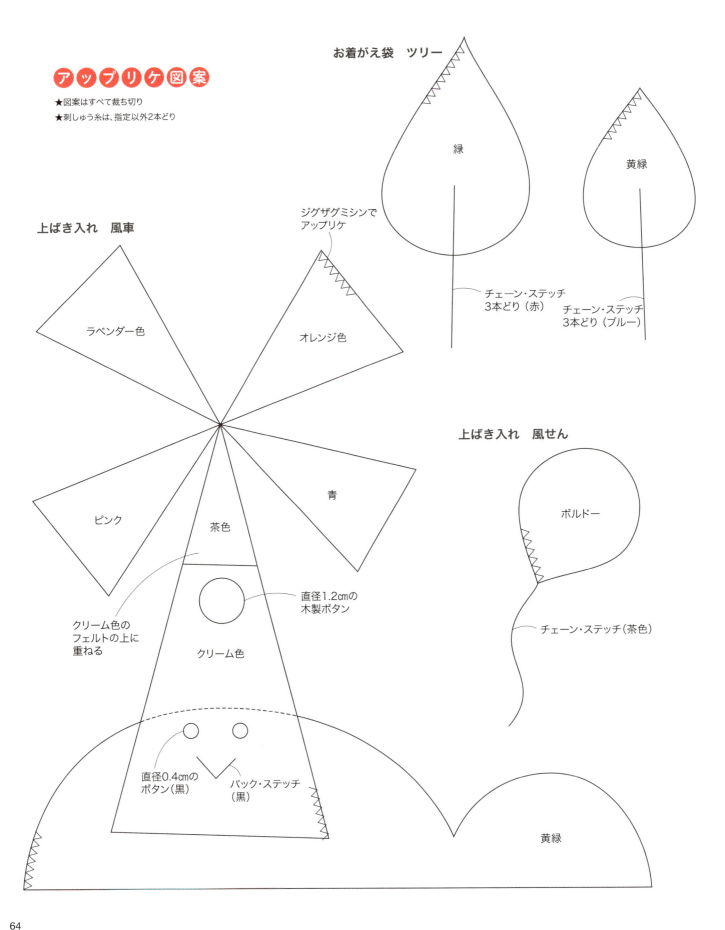

★図案はすべて裁ち切り
★刺しゅう糸は、指定以外2本どり

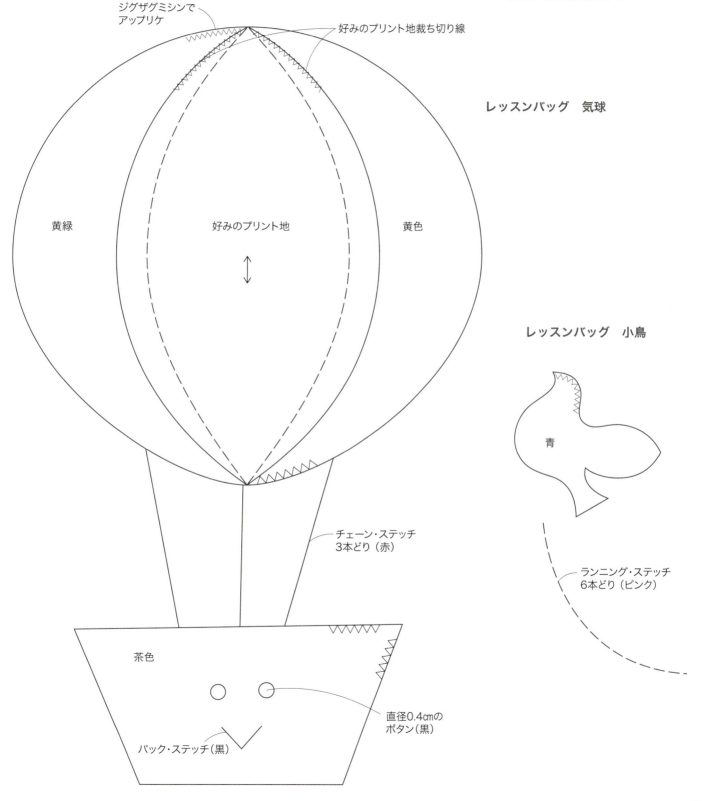

## 小鳥柄の給食セット  photo p.35

ランチョンマット　コップ袋

**材料**
**共通**
リネン(ベージュ無地)36×32cm　コットンA(ピンク系花柄)31×32cm
綿麻(生成りにピンクのギンガムチェック)51×32cm
コットンB(ピンク系鳥柄)28×19cm　コットンC(オフホワイトにピンクの水玉)82×32cm
幅0.8cmのトーションレース(ベージュ)32cm、40cm
25番刺しゅう糸(ピンク)
**コップ袋**
太さ0.5cmの丸ひも(ピンク)50cmを2本

**裁ち合わせ図**

★単位はcm　★( )内は縫い代、指定以外は1cm

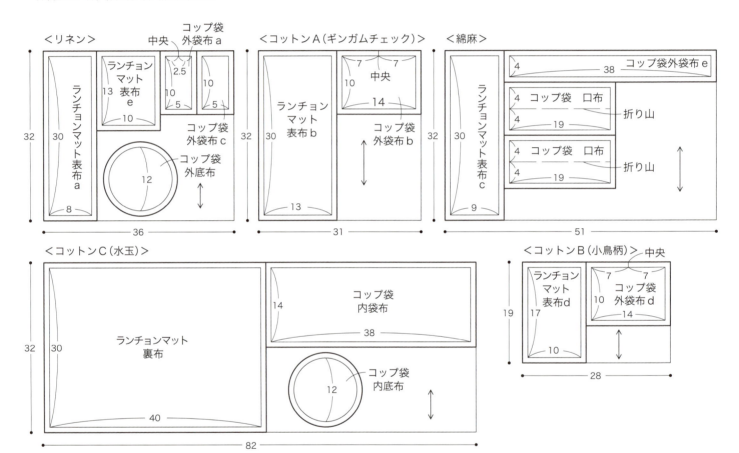

## ランチョンマット

**1** 表布eの表側に刺しゅうをする

**2** 表布dとeを中表に合わせて縫う

**3** 2と表布a、b、cを縫い合わせ、レースを縫いつける

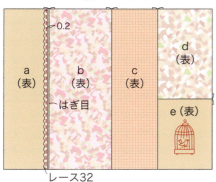

**4** 表布と裏布を中表に合わせ、返し口を残して縫う

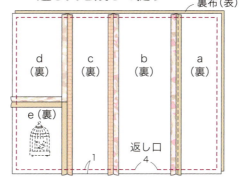

**5** 返し口から表に返し、周囲を縫う

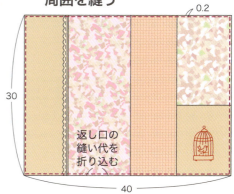

**コップ袋**

**1** 外袋布cの表側に刺しゅうをする

**2** 外袋布aとbを中表に合わせて縫い、続けてc、dの順に縫う。布eを中表に合わせて縫う

**3** 外袋布eの表側に、レースを縫いつける

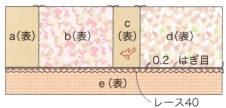

**4** 3を中表に折り、端を縫う。外袋布eと外底布を中表に合わせて縫う

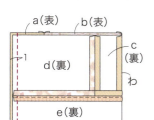 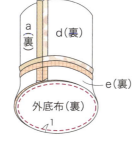

**5** 4と同様に、内袋布を中表に折って端を縫い、内底布と中表に合わせて縫う

**6** 口布2枚を中表に合わせ、ひも通し口を残して縫う

**7** 5を表に返して、内側に4を入れ、一番外側に口布を重ねて縫う

**8** 表に返して縫い代を本体側に倒し、口布を折って縫う。左右から丸ひもを通して結ぶ

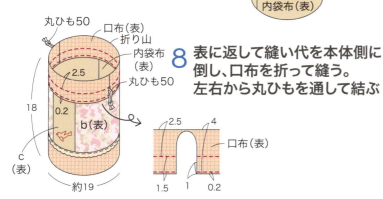

**実物大図案**

★刺しゅう糸は2本どり

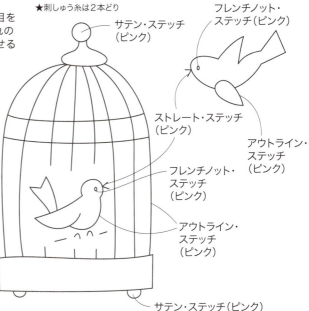

# ドット柄のお弁当セット  photo p.34

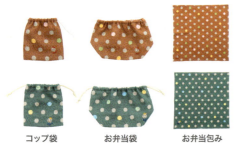

コップ袋　お弁当袋　お弁当包み

**材料**
**共通**
綿麻地（アプリコット：アプリコット地に生成りの水玉　グリーン：モスグリーン地に生成りの水玉）
各90×48cm
25番刺しゅう糸（アプリコット：ピンク、黄緑、黄色、赤、茶色　グリーン：黄緑、黄色、水色、茶色、青、赤）
**お弁当袋**
太さ0.5cmの丸ひも（生成り）65cmを2本
**コップ袋**
太さ0.5cmの丸ひも（生成り）45cmを2本

### 裁ち合わせ図
★単位はcm　★（ ）内は縫い代、指定以外は1cm

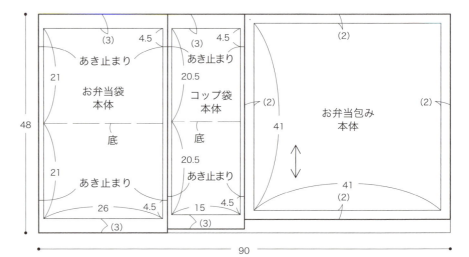

## お弁当袋

**1** 本体の両脇にジグザグミシンをかけて刺しゅうをする

**2** 本体を中表に二つ折りし、両脇をあき止まりまで縫い、あき口の始末をしてマチを縫う

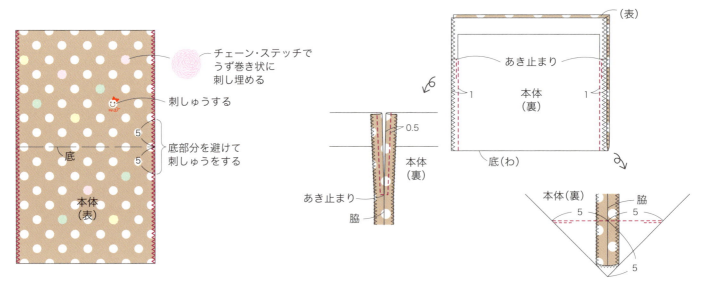

**3** 入れ口を三つ折りして縫い、丸ひもを通して結ぶ

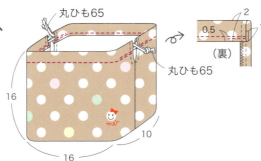

### コップ袋

**1** ＜お弁当袋＞の1と同様に作業する

**2** 本体を中表に二つ折りし、さらに底を折り上げ、両脇をあき止まりまで縫う。あき口の始末をする

**3** 入れ口を三つ折りにして縫い、丸ひもを通して結ぶ

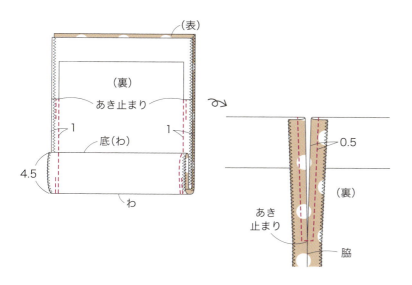

### お弁当包み

**1** ＜お弁当袋＞の1を参照し、刺しゅうをする

**2** 縫い代を左右、上下の順に三つ折りにし、1周縫う

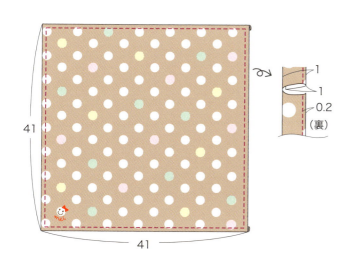

## 実物大図案

★刺しゅう糸は、指定以外5本どり

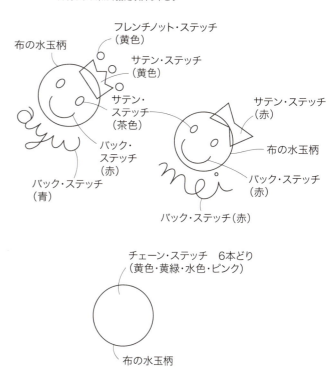

# ペットボトルホルダー

photo p.37

**材料**
コットン(白地に赤のチェック)41×28cm
コットン(花柄)18×28cm
パイル地(黄色)32×28cm
幅1.2cmのアクリルテープ(ピンクと茶色のストライプ)5cmを2本、90cm、30cmを各1本
内径1cmのナスカン2個
内径1cmのDカン2個

## 裁ち合わせ図

★単位はcm　★( )内は縫い代、指定以外は1cm

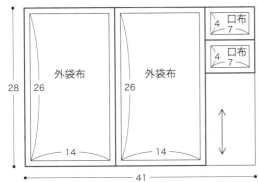
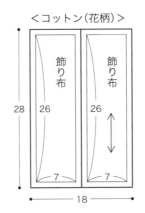
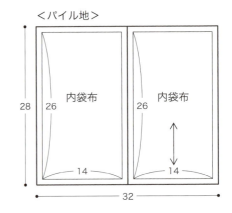

**1** 飾り布の両脇の縫い代を裏側に折り、外袋布の表側に縫いつける

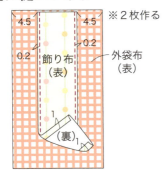

**2** 外袋布2枚を中表に合わせて両脇を縫い、図のように脇を折り込み、マチを縫う

**3** 内袋布も2と同様に縫う

**4** 口布の両脇を三つ折りして縫い、外表に二つ折りする

**5** アクリルテープを内袋布に縫いつけ、さらに口布を重ねて縫う

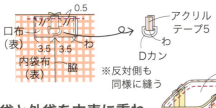

**6** 内袋と外袋を中表に重ね、入れ口を縫う

**7** 表に返し、返し口をとじて、口布にアクリルテープを通す。ショルダーひもを作り、Dカンにつける

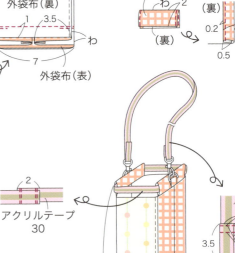

# スモック photo p.42

モデル身長
girl 106cm
boy 106cm

### 材料
コットン(ピンク：ピンク、ブルー：淡ブルー)各110×50cm
コットン(ピンク：白地にピンクのストライプ、
ブルー：ブルーグレイのギンガムチェック)各110×70cm
幅2cmの両折バイアステープ
(ピンク：ピンク系のプリント地、ブルー：ブルー系のプリント地)
a 85cm各1本、b 16cm各2本、c 30cm各2本
幅0.8cmの平ゴム 衿ぐり用：40～45cm各1本、
袖口用：18～20cm各2本

### 裁ち合わせ図
★単位はcm　★( )内は縫い代、指定以外は1cm

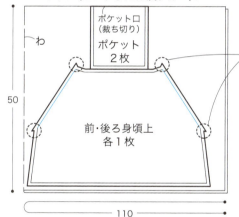

<コットン(ピンクまたは淡ブルー)>

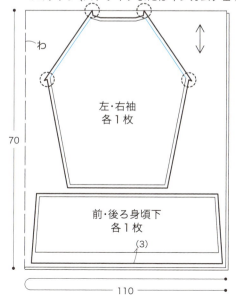

<コットン(ストライプまたはギンガムチェック)>

### 製図
★図のとおりに型紙を作る
★布を裁つときは裁ち合わせ図参照

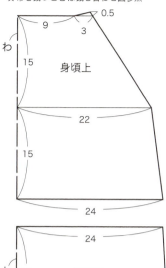

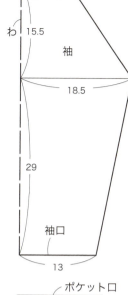

布を裁つときは、
衿ぐりと脇の下の縫い代を
青のでき上がり線で
倒してから裁つ(赤線)

**1** 前・後ろ身頃上と左・右袖のラグラン線(斜めの線)に
ジグザグミシンをかけ、
前身頃上と左袖を中表に合わせて縫う

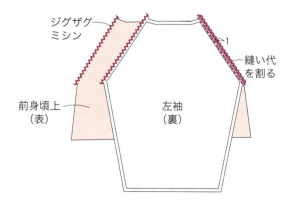

**2** 同様に右袖も縫い、
左・右袖の反対側に後ろ身頃上を縫い合わせる

3 バイアステープaの片側の折り山を開き、身頃上＋袖の衿ぐりに中表に合わせて縫う。バイアステープを衿ぐりの表側に折り込み、端を縫う

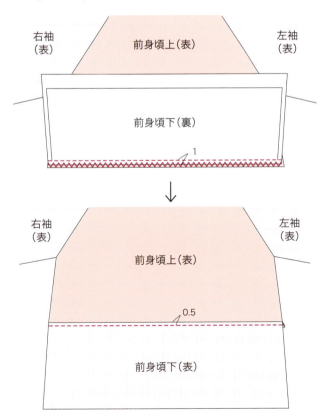

4 前身頃上と前身頃下を中表に合わせて縫う。縫い代に2枚一緒にジグザグミシンをかけ、前身頃下側に倒して縫う。同様に、後ろ身頃上と後ろ身頃下も縫う

5 ポケット口を、バイアステープbではさんで縫う。3辺の縫い代を裏側に折り、前身頃に縫いつける

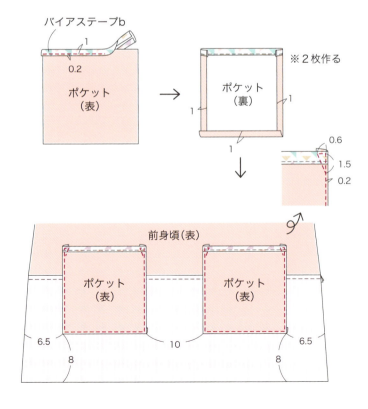

**6** 前身頃と後ろ身頃を中表に合わせ、袖下と身頃の脇を続けて縫う。
脇の下の縫い代を図のようにカットしてから、2枚一緒にジグザグミシンをかける

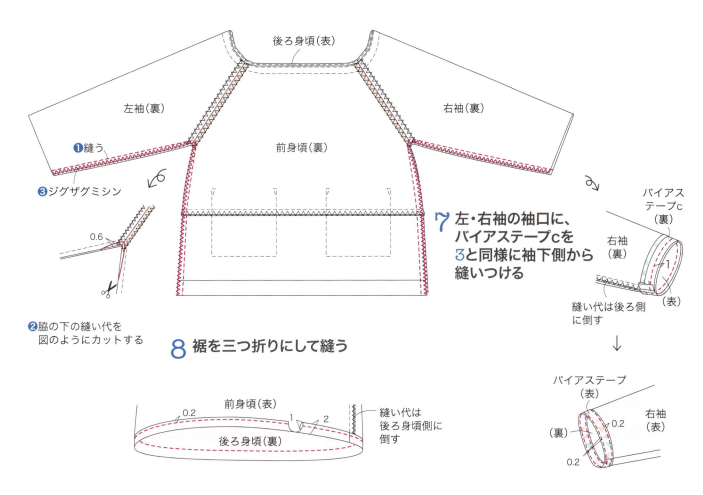

**7** 左・右袖の袖口に、バイアステープcを
**3**と同様に袖下側から縫いつける

**8** 裾を三つ折りにして縫う

**9** 衿ぐりと袖口にそれぞれゴムを通し、
ゴムの端同士を重ねて縫いとめる

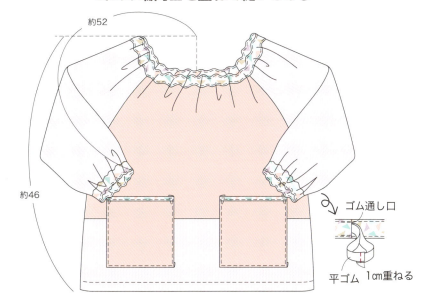

## リュックサック  photo p.36

**材料**
厚手コットン(黄色)90×65cm
コットン(白地にオレンジ色のストライプに水色の水玉)74×48cm
幅2.4cmの両折バイアステープ(緑)38cm
マジックテープ(白)4cmを2組、10cmを1組
太さ0.5cmの丸ひも(水色)95cm
幅1.5cmのコードロック(水色)1個
直径約2.5cmのポンポン(茶色、こげ茶色)各1個

**裁ち合わせ図**
★単位はcm
★( )内は縫い代、指定以外は1cm

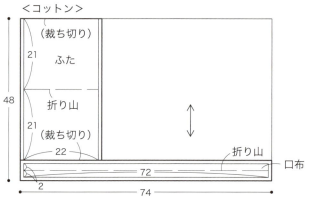

1. 肩ひもの端3辺を裏側に折り、さらに半分に折って縫う ※2本作る

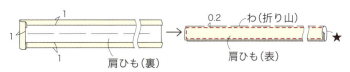

2. 肩ひも通しを三角に2回折り、端を縫う。2枚ずつ合わせて角を縫い合わせる

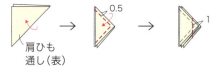

3. バイアステープの片側の折り山を開き、ポケット口に中表に合わせて縫う。縫い代ごと表側に返して縫う

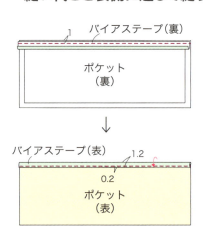

4. ポケットの裏側と前面の表側に、それぞれマジックテープを縫いつける。前面にポケットをのせ、肩ひも通しを重ねて縫いつける

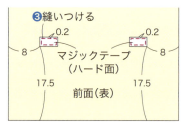

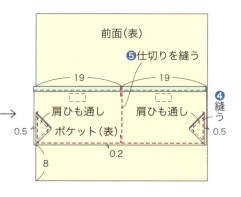

## 5 背面・上と背面・下の端を、それぞれ三つ折りにして縫い、マジックテープを縫いつける

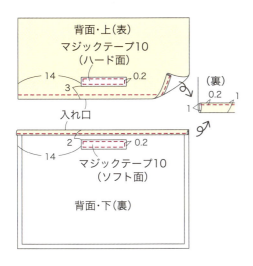

## 6 5の入れ口側を重ね、中表に合わせて3辺を縫う。縫い代にジグザグミシンをかけ、マチを縫う

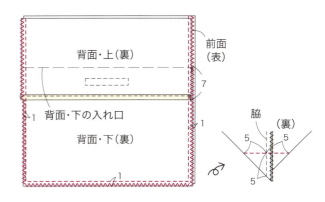

## 7 ふたを中表に半分に折って縫い、表に返す

## 8 6を表に返し、背面・上に肩ひも2本をはさんで、ふたを縫いつける

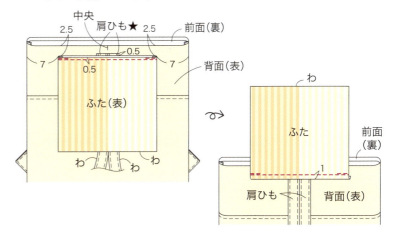

## 9 口布の左右の端を0.5cmの三つ折りにして縫う。口布を、前面の中央で突き合わせるように中表に合わせて縫う。さらに口布を裏側に折り込んで縫う

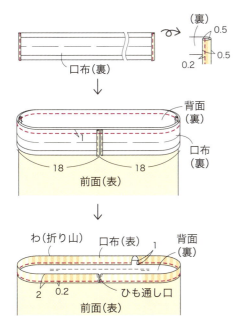

## 10 口布に丸ひもを通し、端を2本一緒にコードロックに通す。それぞれの端にポンポンを縫いつける。肩ひもの端を肩ひも通しに通してからひと結びする

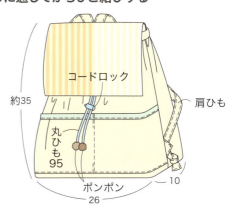

# タックマスク＆立体マスク　photo p.41

タックマスク

立体マスク

**材料**
**タックマスク**
ダブルガーゼ（ピンク：ピンク地に水玉、ブルー：水色地に水玉）各18×26cm
太さ0.2cmの丸ゴム（白）25cmを各2本
**立体マスク**
ダブルガーゼ（ベージュ地にクマ柄）24×28cm
太さ0.2cmの丸ゴム（白）25cmを2本

寸法図　★単位はcm　★（　）内は縫い代、指定以外は裁ち切り

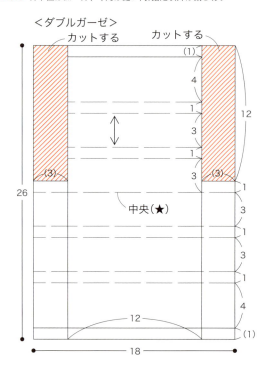

**タックマスク**

**1** 中央（★）から中表にたたんで下側を縫う

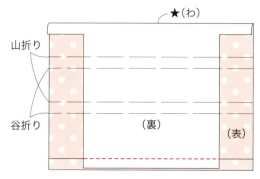

**2** 表に返し、2枚一緒に折り山で折る

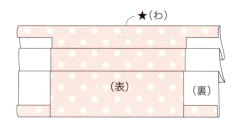

**3** 左右を三つ折りにして縫い、ゴムを通して結ぶ

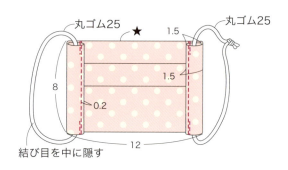

### 裁ち合わせ図
★単位はcm　★( )内は縫い代
<ダブルガーゼ>

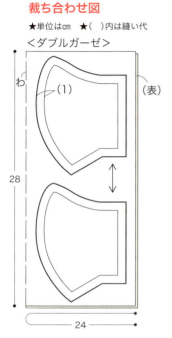

### 実物大型紙
★型紙は指定の縫い代をつけて裁つ

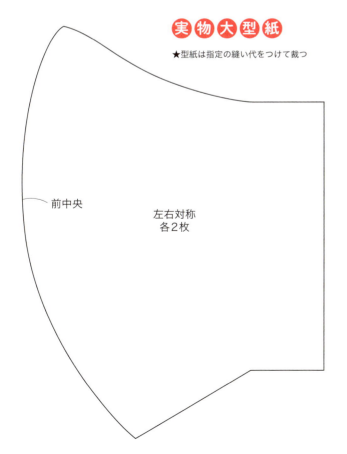

## 立体マスク

**1** ダブルガーゼ2枚ずつを中表に合わせ、それぞれ縫う

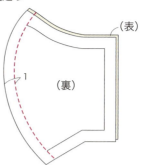

**2** 1を開いて縫い代を割り、2枚を中表に合わせ、返し口を残して縫う

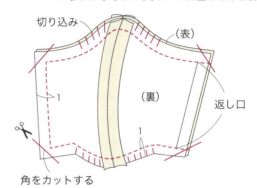

**3** 表に返し、返し口の縫い代を折り込む

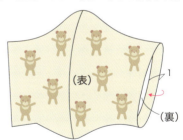

**4** 左右を折って縫い、ゴムを通して結ぶ

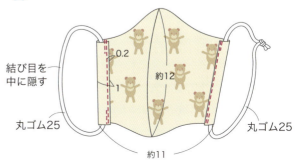

# ななめがけバッグ photo p.40

**材料**
綿麻キルティング（ベージュ）100×25cm
幅2cmの両折バイアステープ
a（黄色に白の水玉）16cm
b（黄緑の無地）8cm
c（薄い水色に白の水玉）8cm
d（赤のギンガムチェック）80cm
e（水色に白の水玉）80cm
アップリケ用フェルト（こげ茶色、赤、黄緑）
アップリケ用0.5cm径の丸ひも（茶色）8cmを2本
25番刺しゅう糸（こげ茶色、黄緑）
幅3cmのアクリルテープ（ベージュ）104cm、8cm
内径3cmのアジャスター（茶色）1個
内径3cmの角カン（茶色）1個
長さ30cmのファスナー1本

**裁ち合わせ図** ★単位はcm ★すべて裁ち切り

1. **ポケット口以外にジグザグミシンをかけ、アップリケをする**

2. **ポケット口をバイアステープではさみ、ジグザグミシンで縫いとめる**

3. **側面1枚の表側に、ポケットを縫いつける**

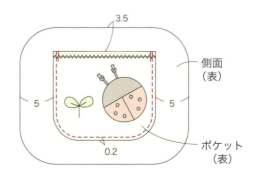

4 ファスナー布の長い1辺にジグザグミシンをかけ、1.5cm裏側に折る。ファスナーに重ねて縫う。もう1枚のファスナー布も、同様にして反対側に縫う
※ファスナー布2枚を突き合わせにして、ファスナーが見えなくなるようにする

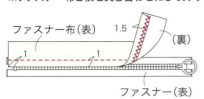

5 104cmのアクリルテープの端をアジャスターに通して縫う

6 マチと4のファスナー布を外表に合わせ、アクリルテープを重ねて両端を縫う。バイアステープbとcでそれぞれ端をはさんで、ジグザグミシンでとめる

7 6と側面を、それぞれ外表に合わせて縫う。バイアステープdとeでそれぞれはさんで、ジグザグミシンでとめる

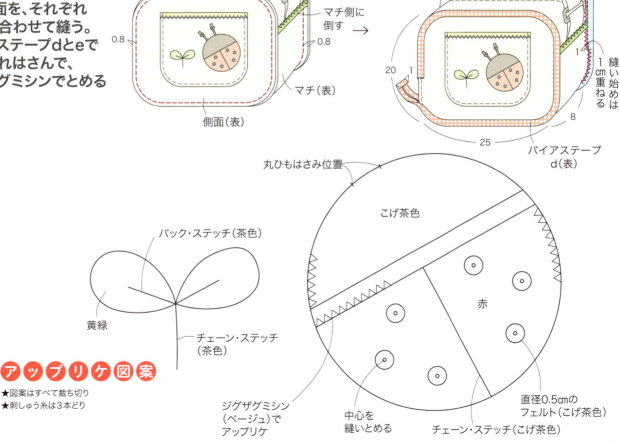

アップリケ図案
★図案はすべて裁ち切り
★刺しゅう糸は3本どり

## 防災ずきん入れ photo p.44

**材料**
キルティング(白地にカラフルな水玉)108×89cm
シーチング(水色)108×89cm
アップリケ用フェルト(黄色、ピンク、黄緑、青)
25番刺しゅう糸(黄色、ピンク、黄緑)
幅2.5cmのアクリルテープ(水色)27cm
幅3cmのマジックテープ5cmを2組

**裁ち合わせ図**　★単位はcm　★( )内は縫い代
★外布はキルティング、内布はシーチング

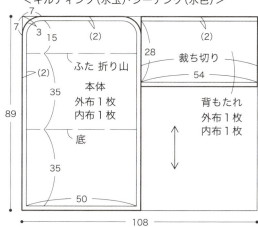

**1** 背もたれ・外布と背もたれ・内布を中表に合わせて縫い、表に返して形を整える

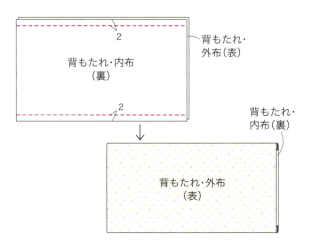

**2** 本体・外布の表側に、背もたれを重ね、アクリルテープをはさんで3辺を縫いつける

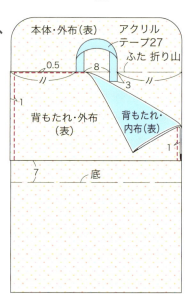

**3** 本体・外布と本体・内布を中表に合わせて下側を縫う

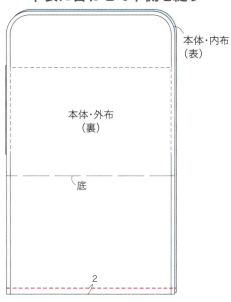

**4** 本体を表に返し、本体・外布にマジックテープを縫いつける

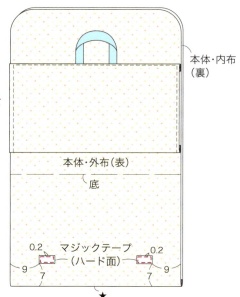

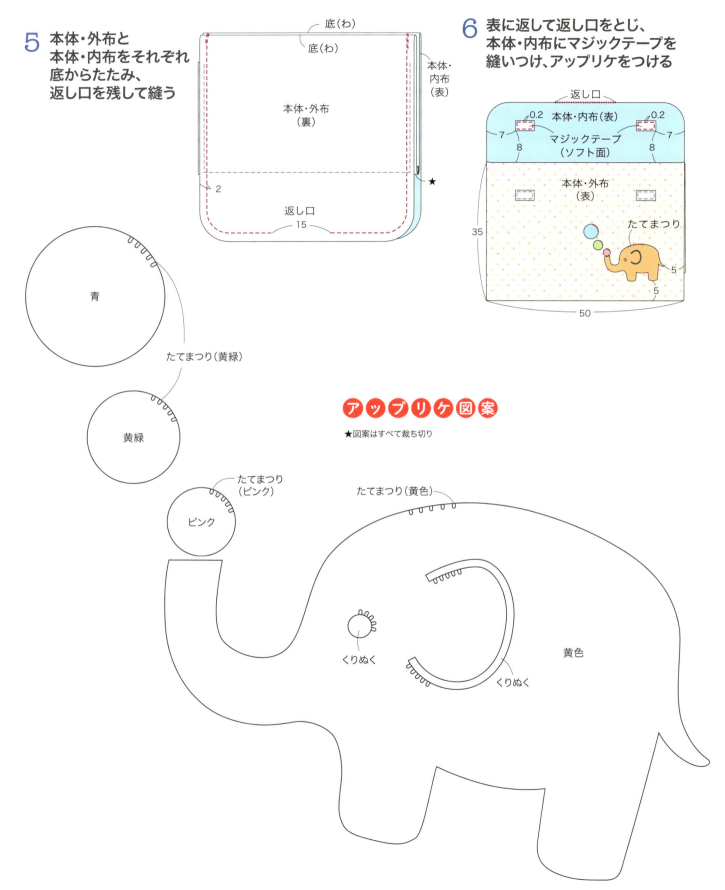

# プリント柄のランドセルカバー
photo p.46

**材料**
ラミネート加工布
(青：生成り地に乗り物柄、ピンク：生成り地にイチゴ柄)
各56×46.5cm
幅2cmの両折バイアステープ
(青：ブルー、ピンク：ピンク)25cm、28cm、135cmを各1本
反射シール(青：銀色星形、ピンク：銀色ハート形)各6枚

**裁ち合わせ図**

★単位はcm
★( )内は縫い代、指定以外は1cm

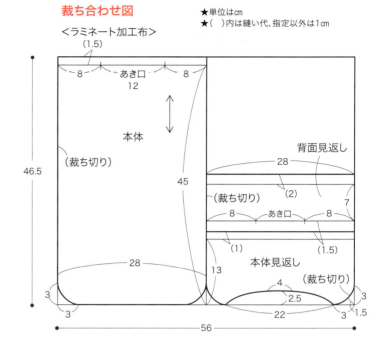

## 1 背面見返しの上端を三つ折りで始末する

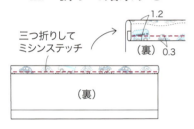

## 2 本体見返しをバイアステープで始末する

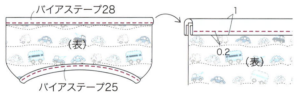

## 3 本体と背面見返しを縫い、あき口を始末する

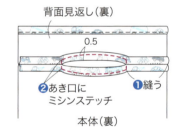

## 4 3と本体見返しを重ねてバイアステープで始末する

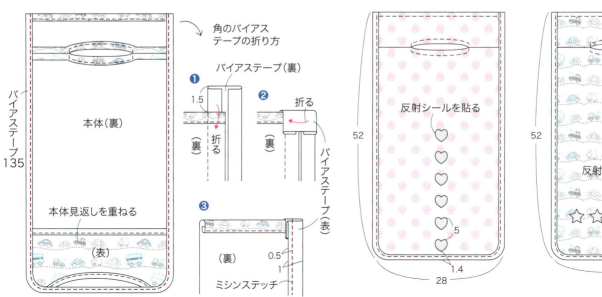

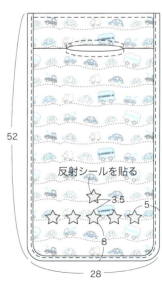

# ト音記号のリコーダー袋
photo p.48

### 材料
キルティング（紺とグリーンのチェック）18×48cm
コットン くるみボタン用（ブルーと白のチェック）
5×5cm
幅2cmの両折バイアステープ（ベージュ）20cm
幅0.6cmのスエードテープ（茶色）8cm
直径2cmのくるみボタン金具1個
25番刺しゅう糸（オフホワイト）

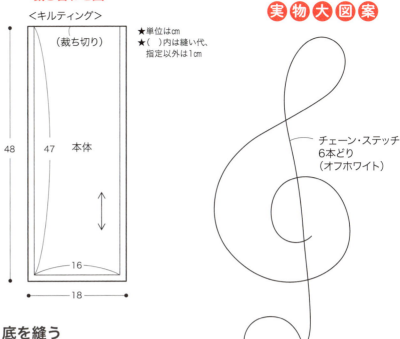

裁ち合わせ図
&lt;キルティング&gt;
★単位はcm
★（ ）内は縫い代、指定以外は1cm

実物大図案
チェーン・ステッチ 6本どり（オフホワイト）

## 1 縫い代にジグザグミシンをかけ、刺しゅうをする

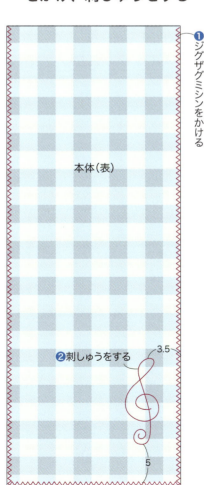

## 2 脇と底を縫う

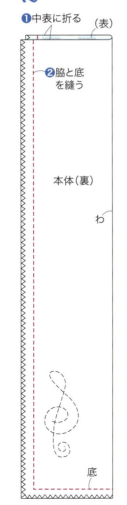

## 3 入れ口をバイアステープで始末し、くるみボタンとボタンループをつける

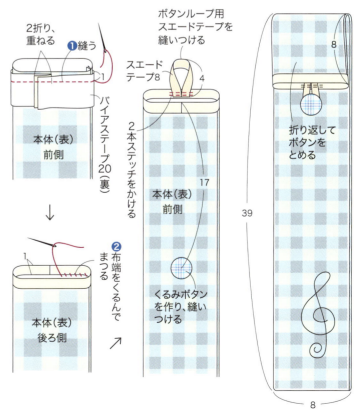

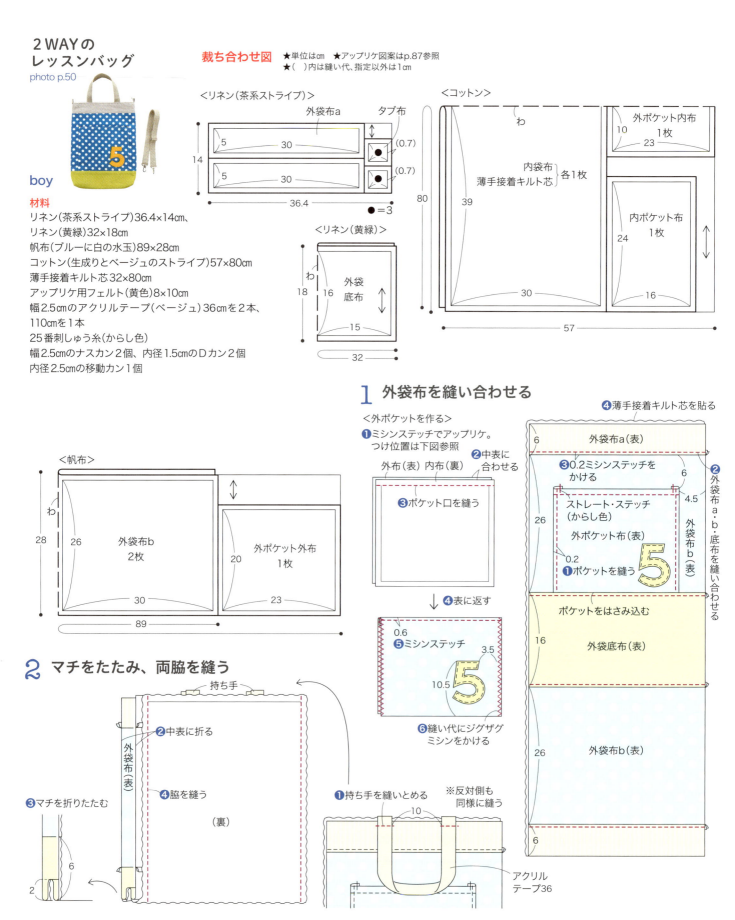

## 3 内ポケットを作り、内袋布に縫いつける

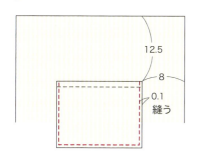
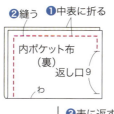

## 4 両脇を縫い、マチを縫う

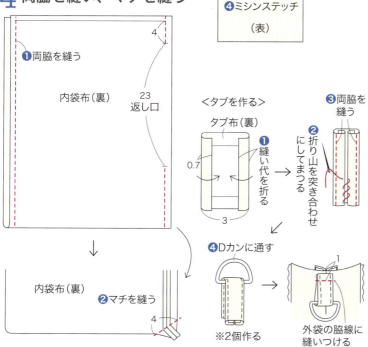

## 5 内袋に外袋を入れて入れ口を縫い、仕上げる

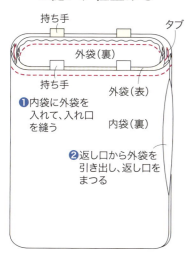

### girl

**材料**

コットン(ブルーに花柄)58×33cm、(赤チェック)56.4×16.8cm
帆布(ピンクの無地)38×33cm
コットン(ピンクと白のストライプ)44×92cm
0.8cm幅のレース(白)33cmを4本
薄手接着キルト芯48×66cm
コットン タグ用(白)9×5.5cm
幅2.5cmのアクリルテープ(白)36cmを2本、110cmを1本
25番刺しゅう糸(茶色)
幅2.5cmのナスカン2個、内径2.5cmのDカン2個
内径2.5cmの移動カン1個

## 1 外袋布を縫い合わせる

## 2 外袋を縫う

〈肩ひもの作り方・共通〉

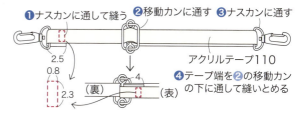

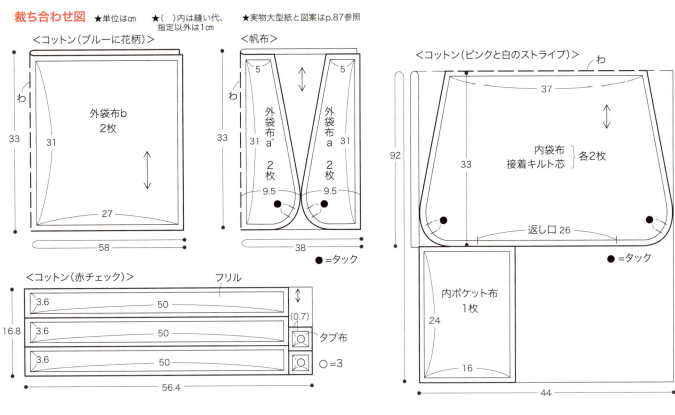
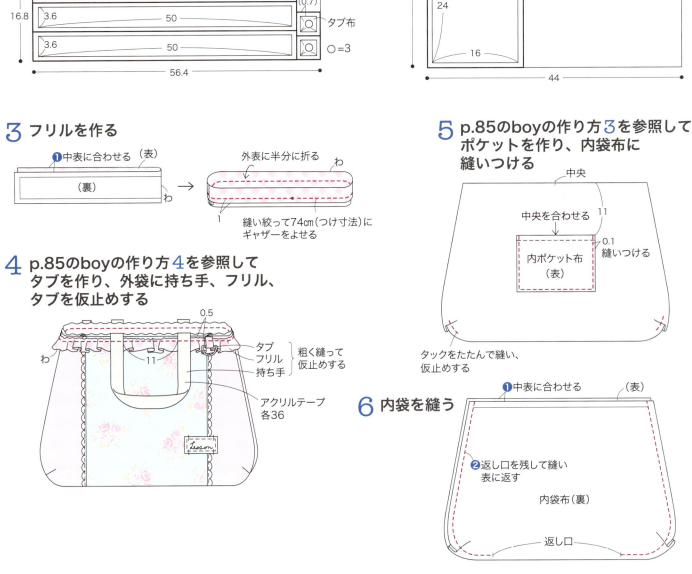

## 7 内袋に外袋を入れて入れ口を縫う

外袋(裏)
外袋(表)
タブ

❶ 内袋に外袋を入れて入れ口を縫う

内袋(裏)

❷ 返し口から外袋を引き出し返し口をまつる

↓ 表に返す

入れ口まわり74
約32
約43

## アップリケ図案

黄色
0.2
ミシンステッチ

## 実物大型紙・図案

★型紙は指定の縫い代をつけて裁つ

コットン1枚

Lesson
(1)

アウトライン・ステッチ 2本どり (茶色)
ストレート・ステッチ 3本どり (茶色)
ミシンステッチ

## カーブの実物大型紙

★型紙は指定の縫い代をつけて裁つ

タック位置
(1)
5.8
10.5

## マリンのプールバッグ photo p.47

### 材料
中肉ナイロンプリント
(boy：青に生成りの波形ボーダー、
girl：ブルーにオフホワイトのイカリ柄)各84×49cm
幅2cmのアクリルテープ 持ち手用
(boy：ブルー、girl：濃ピンク)各38cmを2本
幅2.5cmのアクリルテープ入れ口用
(boy：紺にイカリ柄、girl：ピンク系の縞)各40cmを2本
太さ0.8cmの丸ひも(オフホワイト)各100cm

### 裁ち合わせ図
★単位はcm
★( )内は縫い代、指定以外は1cm

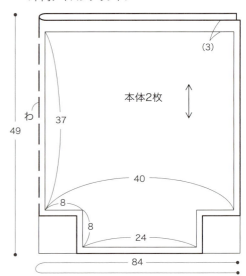

### 1 本体の縫い代にジグザグミシンをかけ、持ち手用テープ、入れ口用テープを縫いつける

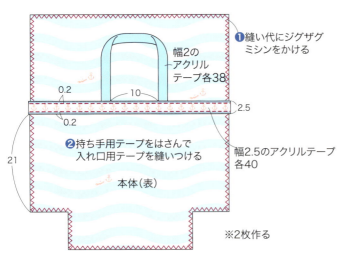

### 2 本体の両脇と底を縫う

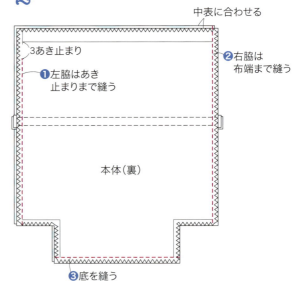

### 3 マチを縫い、ひも通しを作る

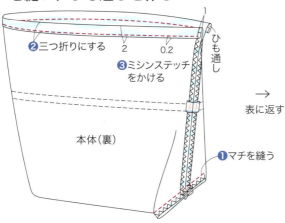
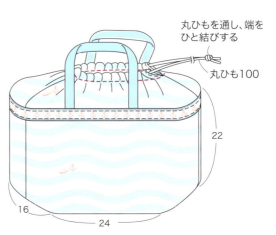

# 音符のけんばんハーモニカバッグ
photo p.49

### 材料
キルティング（生成りに紺のボーダー）74×55cm
コットン ネームプレート用（紺系ツイード）直径6.4cm
コットン ネームプレート用（茶色に白の水玉）直径6.4cm
幅2.5cmのアクリルテープ
（茶色に白のステッチ）40cmを2本
幅2.5cmのマジックテープ（白）4cmを1組
太さ0.2cmの丸ひも（オフホワイト）30cm
直径1cmのウッドビーズ1個
25番刺しゅう糸（オフホワイト、黄色、茶色）
タグ3.8cm四方1枚

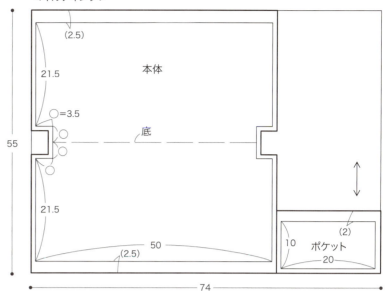

裁ち合わせ図　★単位はcm　★（ ）内は縫い代、指定以外は1cm
＜キルティング＞

## 1 縫い代にジグザグミシンをかけ、ポケット、持ち手を縫いつける

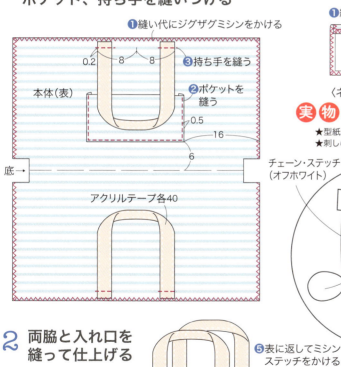

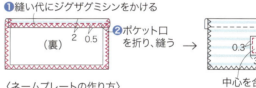
＜ポケットの作り方＞

〈ネームプレートの作り方〉
**実物大型紙・図案**
★型紙は指定の縫い代をつけて裁つ
★刺しゅう糸は6本どり

※0.7cmの縫い代をつけて布を裁ち、表布に刺しゅうをする
※表布と裏布を縫い合わせて表に返し、返し口をまつってからミシンステッチをかける

## 2 両脇と入れ口を縫って仕上げる

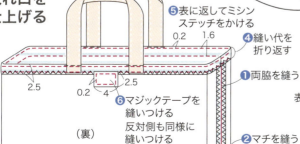

## キルティング布のスリッパ＆巾着
photo p.52

### スリッパ
**材料**
リバーシブルのキルティング
(ピンク：白地に花柄・ベージュの無地、
ブルー：ブルー地プリント・白地プリント)各70×27cm
幅5cmのバイアステープ(ピンク：濃ピンクの無地、
ブルー：サンドグレーの無地)13.5cm、21.5cmを各2本
好みのタグをピンク、ブルーともに各2枚

### 巾着
**材料**
コットン(ブルーと白のストライプ)34×34cm
太さ0.3cmの丸ひも(生成り)40cm
長さ1.8cmのウッドビーズ1個
イカリ形のワッペン1.8×2.5cm 1個

### スリッパの裁ち合わせ図
★単位はcm ★( )内は縫い代、指定以外は1cm
★型紙はp.92参照

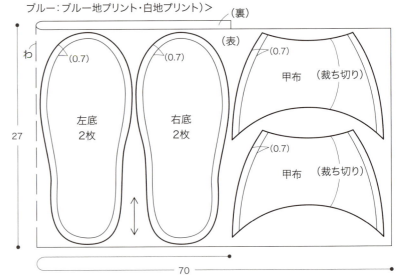

## スリッパ

### 1 底布と甲布を裁つ

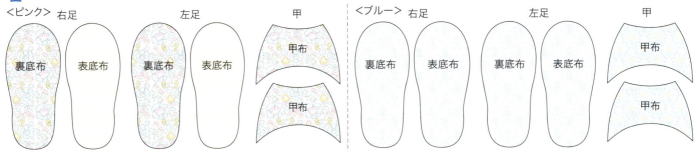

### 2 甲布をパイピングで始末する

### 3 表底布に甲布を仮止めする

### 4 表底と裏底を縫い合わせる

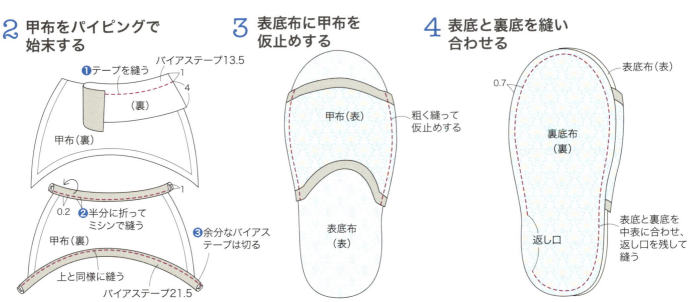

## 5 表に返して周りを縫う

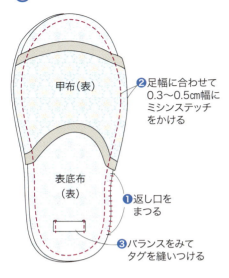
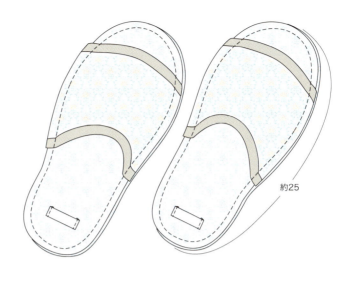

## 巾着

### 1 3辺の縫い代にジグザグミシンをかける

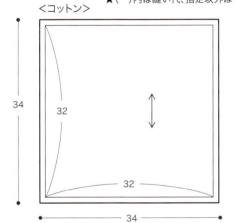

### 2 脇と底を縫って袋を作る

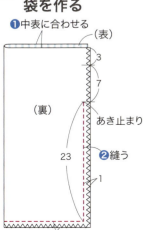

### 3 あき口を始末する

### 4 丸ひもを通す

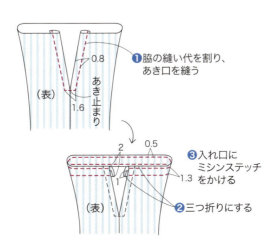

 実物大型紙

★型紙は0.7cmの縫い代を含む
★底布のみ200％に拡大して使用

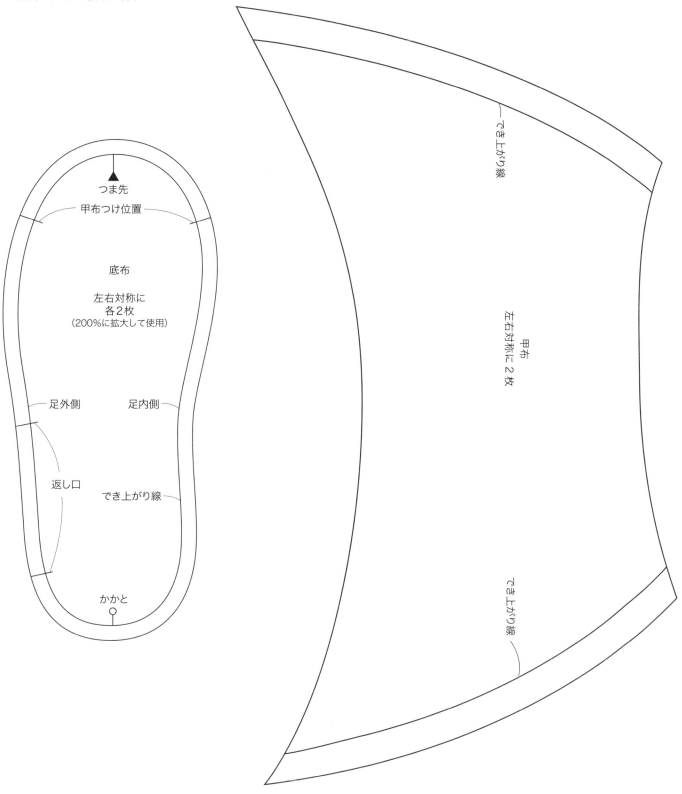

## 書類用エコバッグ
photo p.53

**材料**
コットン（紺地に生成りのストライプ）36×76cm
0.2cm幅の革ひも（茶色）56cm
好みのタグ1枚

**裁ち合わせ図**
★単位はcm
★（ ）内は縫い代、指定以外は1cm

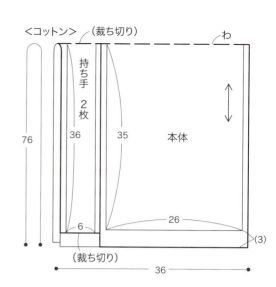

### 1 縫い代にジグザグミシンをかける

### 2 両脇を縫って袋を作る

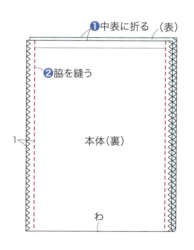

### 3 持ち手を作る

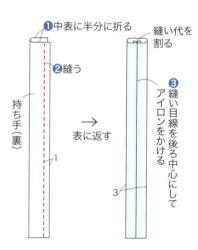

### 4 入れ口を始末して持ち手と革ひもをつける

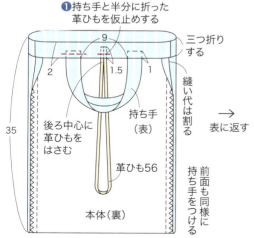

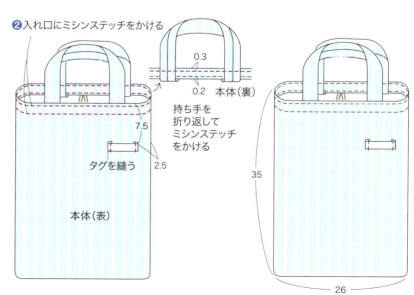

## シュシュ photo p.54

**材料**
コットン(ピンク:白地にピンクのチェック柄、
ラベンダー:淡紫地に生成りの水玉)
各52×10cm
0.4cm幅の平ゴム各18cm
**ラベンダー**
幅2cmのレース(生成り)22cm
直径1.5cmの花形ボタン1個

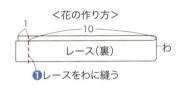

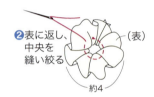

### 裁ち合わせ図
★単位はcm ★( )内は縫い代、指定以外は1cm

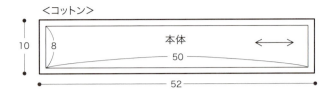

### 1 本体を縫う

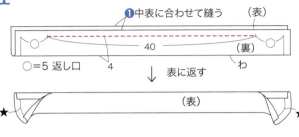

### 2 平ゴムを通して仕上げる

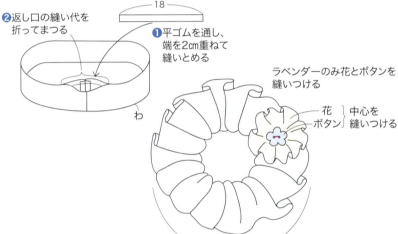

**実物大型紙**
★裁ち切り

ポンポンのヘアゴム、
刺しゅうのバッジ共通

## ポンポンのヘアゴム photo p.54

**材料**
コットン(ピンク:ギンガムチェック、花柄、
ブルー:ギンガムチェック、花柄)各直径8cmの円形
太さ0.3cm幅の丸ゴム(ピンク、ブルー)各26cm
わた適量

**作り方**
❶ 布に型紙を写して裁つ。
❷ 丸ゴムは13cmずつに切り、2本を合わせて両端を結ぶ。
❸ 布端を0.3cm裏側に折り込みながら周りをぐし縫いする。
❹ 1周ぐるりと縫ったら糸を少し絞ってわたを入れ、ゴムの結び目を入れてさらに絞って縫いとめる。反対側も同様にポンポンをつける。

## 刺しゅうのバッジ photo p.54

**材料**
**共通**
リネン各6×6cm
直径4cmのプラスチック製包みボタン各1個
厚紙各4×4cm
長さ2.5cmのブローチピン各1個
**クローバー**
コットン(水色地に白の水玉)8×8cm
25番刺しゅう糸(黄緑、緑、若草色、青)
**ナンバー**
コットン(黄色無地)8×8cm
25番刺しゅう糸(オレンジ色、赤、白)

**作り方**
❶ 布を直径8cmの円に裁つ。
❷ 直径4cmのでき上がり位置に図案を写し、刺しゅうをする。
❸ 布端から0.3cmの位置をぐし縫いし、プラスチック製包みボタンを入れて糸をしぼって留める。
❹ リネンを直径6cmの円に裁ち、布端から0.3cmの位置をぐし縫いする。直径4cmよりひと回り小さく切った厚紙を入れてしぼって留める。
❺ ❸の裏と❹の裏側同士を合わせてまつる。
❻ リネンにブローチピンを縫いとめる。

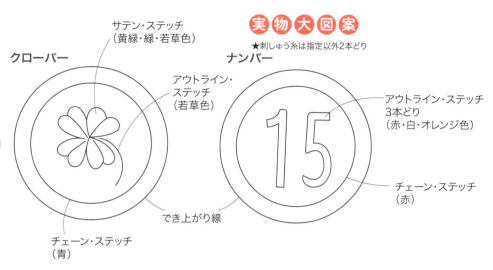

## お名前ワッペン photo p.25

**材料**
**リンゴ**
フェルト(赤)6×6cm、(クリーム色)5×5cm、(茶色)1.5×2.5cm
土台用アイロン接着フェルト(赤)6×6cm
幅0.7cmのリボン(チェック柄)4cm
25番刺しゅう糸(茶色、クリーム色)
**あおむし**
フェルト(白)9×6cm、(黄緑)3.5×3.5cm、(水色、紫、黄色)各2.5×2.5cm
土台用アイロン接着フェルト(白)9×6cm
幅0.7cmのリボン(ストライプ柄)4cm
25番刺しゅう糸(茶色、黄緑、水色、黄色、紫)

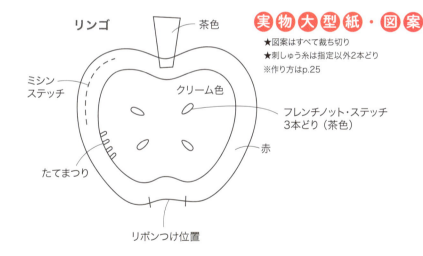

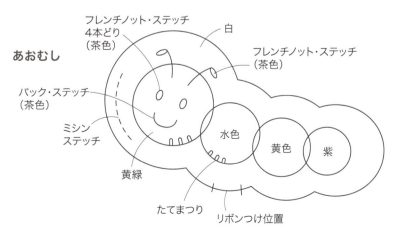

**作品デザイン**

青木恵理子　emico　鎌倉 恵　小森里佳(Smile Life)　酒向志保　庄司裕子(バオバブファクトリー)　杉野未央子
タケウチアユコ　Double B　長谷川久美子　細川夏子　nina select handmade shop　三嶋 舞　ヤマダヨシコ　横川博子

**スタッフ**

ブックデザイン…堀江京子(netz)
撮影…蜂巣文香
プロセス撮影…横田公人
スタイリング…南雲久美子
ヘア&メイク…山崎由里子
モデル…フィオナ・マイラム(girl)　マニ・カキザワ(boy)
製図…海老原順子　佐々木初枝
イラスト&トレース…松尾容巳子　小池百合穂
校正…木串かつこ
編集…中田早苗　守屋かおる
編集デスク…朝日新聞出版 生活・文化編集部(森 香織)

**撮影協力**

クロバー株式会社
大阪府大阪市東成区中道 3-15-5　☎ 06-6978-2277
http://www.clover.co.jp
ブラザー販売
愛知県名古屋市瑞穂区苗代町 15-1　☎ 050-3786-1134
http://www.brother.co.jp
AWABEES
東京都渋谷区千駄ヶ谷 3-50-11　☎ 03-5786-1600
http://www.awabees.com/

＊本書に記載した商品情報などは 2015 年 2 月現在のものです。

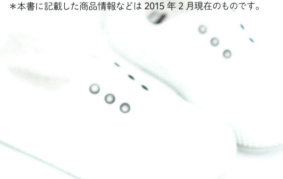

はじめてでも上手にできる
# 通園・通学のバッグ&小もの

| | |
|---|---|
| 編集 | 朝日新聞出版 |
| 発行者 | 須田 剛 |
| 発行所 | 朝日新聞出版 |
| | 〒104-8011　東京都中央区築地 5-3-2 |
| | 電話 (03)5541 - 8996 (編集)　(03)5540 - 7793 (販売) |
| 印刷所 | 中央精版印刷株式会社 |

© 2015 Asahi Shimbun Publications Inc.
Published in Japan by Asahi Shimbun Publications Inc.
ISBN978-4-02-333021-4

定価はカバーに表示してあります。
落丁・乱丁の場合は弊社業務部(電話 03 - 5540 - 7800)へご連絡ください。
送料弊社負担にてお取り替えいたします。

本書および本書の付属物を無断で複写、複製(コピー)、引用することは
著作権法上での例外を除き禁じられています。また代行業者等の第三者に依頼して
スキャンやデジタル化することは、たとえ個人や家庭内の利用であっても一切認められておりません。